看得见的世界史
荷兰

王超华 主编

NETHERLANDS

石油工业出版社

图书在版编目（CIP）数据

荷兰／王超华主编. — 北京：石油工业出版社，
2019.3

（看得见的世界史）

ISBN 978-7-5183-3086-7

Ⅰ.①荷…　Ⅱ.①王…　Ⅲ.①荷兰—历史--通俗读物
Ⅳ.①K563.09

中国版本图书馆CIP数据核字（2018）第286806号

看得见的世界史：荷兰

王超华　主编

制　　作：	日知图书（www.rzbook.com）	
出版发行：	石油工业出版社	
	（北京安定门外安华里2区1号楼　100011）	
网　　址：	www.petropub.com	
编辑部：	（010）64523616　64252031	
图书营销中心：	（010）64523731　64523633	
经　　销：	全国新华书店	
印　　刷：	艺堂印刷（天津）有限公司	

2019年3月第1版　2022年3月第3次印刷

880×1280毫米　开本：1/32　印张：10

字数：270千字

定价：49.00元

（如出现印装质量问题，我社图书营销中心负责调换）

前言

　　提起荷兰，大多数人想到是巨大的风车，多彩的郁金香，《夜巡》后面的伦勃朗，《向日葵》和《星夜》之下的凡·高，在足球场上叱咤风云的橙色军团。然而再往下说，似乎再也找不出什么能让人对这个西欧低地国家留下深刻印象的东西了。其实，荷兰并不是你想象的那样简单，这个国家曾经在世界历史上也写下了属于自己的浓墨重彩的一笔。

　　早在冰川时期，荷兰这片土地上就有人类活动的遗迹。随着人与自然斗争的进一步加剧，荷兰逐渐在水退人进的过程中形成了今天的面貌。经历了罗马人的统治、法兰克王国的统治、勃艮第家族的统治和哈布斯堡王朝的统治，荷兰终于形成了自己的语言、风俗、文化，这些在荷兰建国的过程中奠定了基础。随着尼德兰革命的爆发，荷兰在八十年战争的烈火锤炼中，开始进入了自己的黄金时代，奠定了"海上马车夫"的霸主地位，文化、艺术、科技、宗教等领域群星闪耀、硕果累累。随着国力的强盛，荷兰和英国、法国的矛盾逐渐加剧，而四次英荷战争和一次法荷战争，让荷兰的综合实力急剧下降，在法国大革命的冲击下甚至沦为傀儡。再次重建的荷兰王国在经历了一系列磨难之后，终于有了我们今天所看到的荷兰的模样。

　　《看得见的世界史：荷兰》一书是采用故事体的形式，以时间为顺序讲述荷兰历史的一本通俗读物，一本深度揭秘荷兰历史发展脉络的大众普及读物。全书共分六章，深层次讲述了荷兰的过去和现在。书中插配了大量来自荷兰国立博物馆的珍贵文物图片，为读者了解荷兰的风格历程提供了一个全方位、多角度、彩色的平台，让荷兰的历史更加鲜活。

挂毯《被圈禁的独角兽》

美国纽约大都会艺术博物馆藏。1495年~1505年之间生产于荷兰南部。这幅挂毯是中世纪荷兰制作的最美丽、最复杂的艺术品之一。整件作品高贵奢华，细羊毛、丝绸、银线、金线的使用让作品充斥着浓烈的贵族气息。画面的正中央是一只被篱笆圈起来的雪白的独角兽，象征着爱的驯服。独角兽卧在一棵石榴树下，在篱笆的外面是兰花、大蓟和蟾蜍。

1

3

油画《海面上的荷兰舰队》

荷兰国立博物馆藏。威廉·范·德·维尔德绘制。
号称"海上马车夫"的荷兰，在八十年战争期间，
其海军的发展已经可以和英国一争高下，将老东家
西班牙远远抛在了身后。在17世纪和18世纪，荷兰
的舰队和船队是荷兰画家创作的常见主题。

绿绸绣花连衣裙

4 荷兰国立博物馆藏。这是一件18世纪晚期的荷兰贵族连衣裙，连衣裙的外层是绿色丝绸，内衬是粉色丝绸。这件连衣裙的风格来源于男士外套，是当时男装影响女装时尚的典型。绿色丝绸上绣着白色的铃兰，格外典雅。而来自中国的丝绸则是荷兰海外贸易发达的见证。

五彩花鸟纹提梁壶

5

荷兰国立博物馆藏。18世纪中期荷兰代尔夫特生产。中国瓷器是荷兰东印度公司的主要商品。随着瓷器贸易的扩大，中国生产的瓷器已不能满足欧洲的需求，因此在代尔夫特开始出现仿制中国瓷器的工厂，这件五彩提梁壶的图案风格就具有明显的中国彩瓷风格。

公元前 5300 年

荷兰进入新石器时代。

公元前 1800 年

荷兰进入希尔阿瑟姆文化时期。

公元前 57 年

罗马人占领今天的荷兰南部。

公元 69 年

巴塔维亚人发动反对罗马人的起义。

630 年

弗里斯人征服奥德莱茵地区，和法兰克人发生冲突。

782 年

大弗里斯兰起义爆发，起义最终被查理曼大帝于785 年镇压，荷兰进入法兰克统治时期。

1384 年

勃艮第公爵"大胆"菲利普通过联姻获得弗兰德斯和阿蒂西亚的控制权，荷兰进入勃艮第统治时期。

1477 年

神圣罗马帝国皇帝马克西米利安获得荷兰的统治权，荷兰进入哈布斯堡王朝统治时期。

1548 年

神圣罗马帝国皇帝查理五世授予荷兰地区的十七个省成为独立的实体。

1568 年

因反抗西班牙国王的中央集权和对新教加尔文派的迫害，北方省反抗西班牙的八十年战争爆发。

1579 年

北方省中的七省结成联盟，反对西班牙的统治，被认为是现代荷兰的开端。

1648 年

《明斯特条约》签署，荷兰获得完全独立。

1652 年

第一次英荷战争爆发，拉开了荷兰和英国为掌握海上势力与海外贸易的主导权的斗争序幕。

1795 年

荷兰被法国革命军占领，建立了巴塔维亚共和国。

1815 年

荷兰结束法国占领，荷兰联合王国建立。

1848 年

荷兰进行修宪，成为君主立宪制国家。

1917 年

荷兰进行宪法改革，产生了一份"伟大的 1917 协定"的文件。

1940 年

荷兰被纳粹德国占领。荷兰王室和政府流亡英国。

1948 年

威廉敏娜女王退位，朱莉安娜女王即位。

1954 年

荷兰通过《荷兰王国章程》，使荷兰的原殖民地和属地在王国内与荷兰本土享有同等地位。

1958 年

荷兰作为欧洲经济共同体创始国之一签署《罗马条约》。

1980 年

朱莉安娜女王退位，他的女儿贝娅特丽克丝即位。

2013 年

贝娅特丽克丝女王退位，由长子威廉-亚历山大继位成为荷兰 123 年来首位男性君主。

目录
Contents

第一章

独立前的荷兰往事 / 1

荷兰的史前史 / 2

荷兰的罗马时代 / 6

巴塔维亚起义 / 11

弗里斯兰—法兰克战争 / 20

荷兰历史上的法兰克时代 / 26

金马刺之战 / 32

荷兰的勃艮第时代 / 39

查理五世治下的尼德兰 / 45

世界主义者——伊拉斯谟 / 52

第二章

革命与战争 / 59

宗教改革风云下的尼德兰 / 60

荷兰国父"沉默者"威廉 / 66

荷兰起义的爆发 / 71

荷兰共和国的诞生 / 79

莫里斯和纽波特战役 / 86

休战十二年 / 94

八十年战争的终结 / 102

在战争中崛起的荷兰东印度公司 / 116

第三章

黄金时代群星闪耀 / 127

黄金共和国 / 128

近代国际法的鼻祖雨果·格劳秀斯 / 136

近代自然科学的重要开拓者惠更斯 / 141

列文虎克与他的"狄尔肯" / 146

最伟大的荷兰人——伦勃朗 / 150

荷兰风俗画大师——维米尔 / 156

哲学界的"叛逆者"——斯宾诺莎 / 164

专题：黄金时代的绘画潮流 / 170

第五章

走向联合王国 / 221

"荷兰人的国王"威廉三世 / 222

第四次英荷战争 / 228

巴塔维亚共和国 / 232

威廉一世和荷兰复国 / 240

从威廉二世到威廉三世 / 246

印象凡·高 / 254

物理学家洛伦兹 / 262

第四章

争霸海洋的岁月 / 175

郁金香狂热 / 176

第一次英荷战争 / 182

第二次英荷战争 / 192

第三次英荷战争 / 202

法荷战争 / 208

荷兰海军的荣耀——米歇尔·德·鲁伊特 / 216

第六章

荷兰的现代化进程 / 267

"坚强的女政治家"女王威廉敏娜 / 268

希特勒入侵荷兰 / 272

安妮·弗兰克和《安妮日记》 / 279

"人民的女王"朱莉安娜 / 284

完美的管理者女王贝娅特丽克丝 / 289

"福利"荷兰 / 293

专题：橙色军团和荷兰三剑客 / 298

第一章

独立前的荷兰往事

早在冰川时期，现在的荷兰就有了人类活动。随着冰川时期的结束，从旧石器时代、新石器时代到青铜时代，荷兰各地的考古发掘已经证明这片土地曾经经历过多次文明的洗礼。而罗马人的统治则让荷兰登上了全新的历史舞台。在荷兰这片土地上，法兰克的统治、勃艮第的统治和哈布斯堡王朝的统治，一方面让荷兰的城市和经济得到了长足的发展，而另一方面荷兰人并没有成为自己的主人。经历了中世纪的黑暗，随着宗教改革运动的兴起，荷兰开始觉醒，开始向着一个崭新的、独立的国家迈进。

VISIBLE
HISTORY OF THE
WORLD

关键词：巨石墓 / 德伦特

荷兰的史前史

▪ **约公元前 3.7 万年前起**

　　史前的荷兰，是名副其实的低地地区，冰期的变化和海洋的潮涨潮落控制着这片土地，人类的活动也随着海洋的进退而进退。即便如此，今天的荷兰依然有大量的旧石器时代、新石器时代和青铜时代的文化遗迹，诉说着荷兰的过去。

冰川时期

　　在过去的 70 万年中，北极冰盖曾有 10 次向南扩张，只有扩张最远的那次到达了今天荷兰所在的地区。现在从东向西流经荷兰的河流，过去的河道在比现在更北的位置，冰川改变了地貌，让河流改道向西。在一些地方发现了犀牛、鳄鱼、河马和森林象的骨骸，暗示着那时与现在

> **燧石箭镞**
丹麦国家博物馆藏。出土于日德兰半岛中部，被认为是低地国家最早的狩猎工具，也证明了荷兰在公元前 1.2 万年的汉堡文化时期人类活动的迹象，同时也留下了大量的历史遗迹。

截然不同的气候。2010 年在沃尔登发现的燧石工具证明，至少 3.7 万年前，早期人类就生活在现在的荷兰。2009 年，在从西兰海岸的北海底挖出的沙子中发现了一具 4 万年历史的尼安德特人头骨碎片。

大概到了公元前 1 万年左右时，维塞尔冰进期结束。冻原退去，取而代之的是森林。曾经对冻土住民十分重要的驯鹿离去，森林鹿、野牛和野猪到达了这里。发现于特文特和布拉班特的石器时代遗址就大致属于这个年代。冰层融化后，下层地表显现出来，今日荷兰地貌的基础就奠定于这个时期。当北海重新被水填满，这些地区就彻底成了沼泽和湿地。大约公元前 7000 年，诺曼底和英格兰之间的大陆桥断裂，英格兰成了一个独立的岛屿。

大约公元前 8200 年到公元前 7600 年间，德伦特的猿人造出了独木舟，这是世界上目前已知最古老的船。该独木舟以距离发现地不远的德伦特省佩塞村命名，现在它在德伦特博物馆展出。

农业的开始

距今大约 5000 年前，现在的林堡地区开始从捕鱼和打猎转为种植农作物和饲养家畜的农业生活，不过农业并没有在荷兰的其他地区发展起来。

在同一时期，漏斗颈陶人建起了巨石墓穴。这里的漏斗颈陶人属于颈陶文化，是北欧最早从事农业的人类文明，因制作的器皿像无柄的漏斗而得名。已知的巨石墓共有 54 座，大部分在德伦特省境内。

∧ 威廉斯塔德橡木雕像

荷兰莱顿国家考古博物馆藏。荷兰北布拉班特省的威廉斯塔德出土，为荷兰史前史文物，时间为公元前 5400 年左右。木像用橡木雕成，下部小小的凸起代表四肢，眼睛、嘴巴雕刻精细，鼻头、耳朵也清晰可见，反映了荷兰史前人类的审美观念。

∧ 青铜矛头

这件青铜矛头出土于泽兰沿海的哈木斯泰德的肖文地区，青铜矛虽然历经岁月的洗礼，但依然锋利如初。其年代为公元前1000年，是荷兰青铜时代的见证。

荷兰大多数巨石墓的陪葬品已经被洗劫一空，或者巨石本身被拿去筑路和加固堤坝。人们还发现了一些巨石墓的遗迹，据估计荷兰境内巨石墓的数量曾有上百座。

在距今约3000至4000年前的石器时代晚期，林堡南部发生过燧石的开采活动。燧石曾是非常重要的自然资源，被用来制作箭头、斧刃、刮削工具和钻头，需求量极大。进入青铜时代以后，燧石的价值下降，这些矿场也关闭了。

大约公元前3000年，海洋水位停止上涨，泥沙堆积在荷兰的海岸线上，成为保护这片土地不受海洋侵袭的沙坝。沙坝后的区域开始干燥，成为泥潭沼。

青铜时代

青铜时代大约开始于公元前2000年，结束于公元前800年左右。这一时期典型的青铜物品包括刀、剑、矛、斧和手镯等。在福尔斯霍腾发现的青铜器碎片能够证明它们被设计成可回收的产品，这表明当时的青铜稀少且珍贵。

　　荷兰大部分青铜时代的物件都是在德伦特被发现的。德伦特出土的大型青铜桶制造于法国东部或者是瑞士的某个地方，这表明当时的贸易网扩展到了相当远的地方。还有一些珍贵的物品，比如锡珠项链也在德伦特出土，这让人们有理由怀疑这里曾是荷兰贸易的中心。

　　约公元前 1000 年，海水水位再次上涨，淹没了大片后来属于荷兰的土地。一个在鹿特丹北部发掘出的 4000 年前的猎营地，位置比现在的海平面要低 8 米。从那时起，人们开始建筑大型土墩，以免自己的家园在潮汐来临时被淹没。罗马历史学家普林尼的书中是这样描写那时的荷兰的："那里可怜的居民住在自己亲手堆起的山头或土堆上，他们从经验中学到，那个位置高于洪水所能到达的最高点，于是在那里他们搭建起屋棚。当水覆盖了周围的地域，他们就像水手；当水退去，他们就像海难的幸存者。"

　　当罗马人带着文字来到这里，才结束了荷兰没有文字可考的历史。

> 黏土人像

荷兰海特·沃考夫博物馆藏。这个仅有4厘米高的黏土人头像发现于海尔德兰省的维舍，保留下了头部和肩部，眼睛和嘴巴是用木棍做出来的，但是形神具备，反映了青铜时代晚期荷兰的一种文化特征。

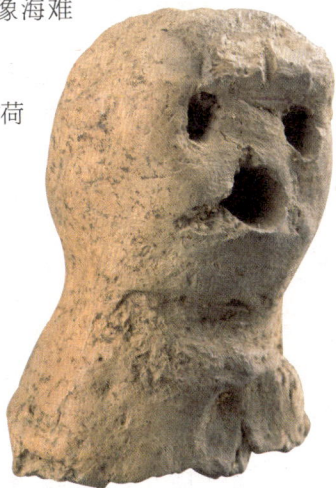

VISIBLE
HISTORY OF THE
WORLD

关键词：罗马统治

荷兰的罗马时代

▪ 公元前 57 年 ~ 410 年

　　当罗马人到达荷兰时，这里还是一片蛮荒之地，凯尔特部落和日耳曼部落分居莱茵河的南北两侧。罗马人给这一地区带来了文字，修路建桥，传授农耕技术并刺激了贸易的发展。

罗马人的到来

　　荷兰地区的原住民有莱茵河南岸的比利时部落和莱茵河以北的两个日耳曼部落。

　　比利时部落使用与南部大高卢的凯尔特人一样的语言，但是他们的文明程度比其他凯尔特人更低。不过他们的身体比其他凯尔特人更强壮，恺撒曾在《高卢战记》中称赞他们为凯尔特人中最勇敢的部落。恺撒从公元前 57 年开始对他们的讨伐，直到公元前 52 年才完成任务。曾有一个叫作内乌里的部落宁死不屈，最终被恺撒彻底消灭。罗马编年史中记载了内乌里族的宁死不屈，英国诗人深受感动并以诗篇《英雄之歌》来永久歌颂他们的抗争。

　　公元前 15 年，比利时部落的土地被归为罗马的比利时高卢省，这个

∧ 罗马城堡模型

边界一直维持到公元 3 世纪。此后，内部衰弱和外部的压力使帝国的疆土不断流失，大片土地易主。而在整个罗马统治时期，荷兰这片土地上主要有两股强大的势力——巴塔维亚人和弗里斯人——两个日耳曼部落。

这个模型藏于荷兰海牙的奥肯堡，是根据150年～180年的考古资料进行复原的，该城堡细致入微地再现了罗马统治时期的城堡特色，目前是海牙市政厅公共展出的一部分。

巴塔维亚人

巴塔维亚人曾生活在德国黑森一带，后因部落纷争被逐出，移居到了莱茵河三角洲的一座岛上。公元前 13 年，罗马与巴塔维亚人结为同盟，他们并非罗马帝国的一部分，而是被视为盟友。他们不需要承担罗马的赋税，但需要为罗马提供兵源。巴塔

▶ 乌得勒支复建的罗马
瞭望塔

罗马为了更好地控制尼
德兰地区，同时针对当
地的反抗起义，在今天
的荷兰境内建筑了大量
的瞭望塔，来观测敌情
以做出反应。乌得勒支
的这个瞭望塔就是在考
古的基础上复原的。

维亚的骑兵在整个帝国内数一数二，在恺撒打败庞培的关键之战中，是巴
塔维亚的士兵扭转了局面。此后近一个世纪中，巴塔维亚人都对罗马忠贞
不贰，甚至为罗马与毗邻的日耳曼部落作战。

　　但当罗马的权势开始衰退之时，巴塔维亚人便开始寻求自由。尼禄被
刺之后，罗马暂时陷入混乱，巴塔维亚人在西维利斯的领导下起兵反抗罗
马。西维利斯组成了一个包括凯尔特人和日耳曼人的低地部落联盟。罗马
恢复和平后，注意力转回低地。随着各凯尔特部落单独与罗马和解之后，
联盟瓦解。

　　虽然巴塔维亚人不再出现在历史记载之中，却继续活在荷兰人的心中，

作为他们的祖先而存在。18 世纪，巴塔维亚成为诗歌中指代荷兰的名词。

弗里斯人

弗里斯人是日耳曼人在北莱茵地区的一个分支。在塔西佗的记载中，它们被分为大弗里斯兰和小弗里斯兰。公元前 12 年，罗马将领尼禄·克劳狄乌斯·德鲁苏斯击败了弗里斯人并将其生活地区纳入罗马统治范围，弗里斯人为罗马军队提供牛皮。

公元 28 年，由于罗马总督奥勒纽斯以弗里斯人进贡的牛皮破碎不合标准为由，抓捕了大量的弗里斯人妇女和儿童，并将之变成奴隶。因此弗里斯人反抗罗马人的起义爆发。在巴杜伊纳森林战役中，弗里斯人和他的盟友消灭了包括罗马税吏在内的 900 人。弗里斯人暂时获得了一段自由时期。公元 47 年，罗马军队再度打败弗里斯人，并在弗里斯人的土地上建立了多处大型防御工事。公元 54 年，罗马军队基本上占领了莱茵河沿岸地区，故要求弗里斯人迁出该地区，遭到拒绝。此后，在强大的罗马军队的进攻下，弗里斯人被迫迁徙。在巴塔维亚起义期间，弗里斯人也参与到了起义军之中。

在巴塔维亚起义失败之后，现在的荷兰被分为三个区，南部彻底罗马化，拉丁语成为主要语言，中部则为日耳曼人生活区域，而人口稀少、荒凉的

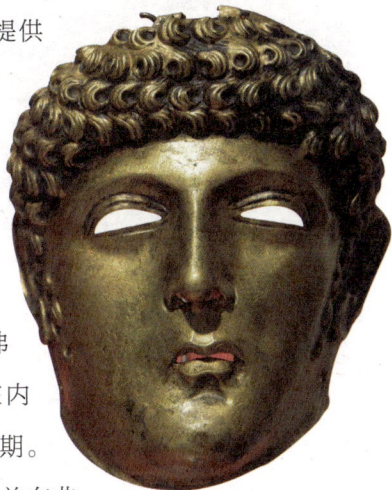

∧ 罗马骑士金面具

荷兰莱顿国家考古博物馆藏。出土于莱顿的古罗马定居点马提洛。金面具具有很强的写实风格，面具造型很符合罗马人的脸型，和同时代出土的罗马面具相比较，其主人身份的高贵显而易见。

^ 荷兰境内的罗马据点布里顿堡平面图

布里顿堡是荷兰莱顿西侧的罗马遗迹，该遗迹发现于1520年。当时由于一场暴风雨的缘故，遗迹暴露出来，并且出土了许多罗马钱币。1562年，亚伯拉罕·奥特利乌斯根据考古发掘的实际情况，雕刻印刷了布里顿堡的平面图。在荷兰境内，沿着莱茵河，还有很多罗马人的定居点，并在北布拉班特省、马斯特里赫特、蒂尔、乌得勒支多有发现。

北部地区成了弗里斯人的生存地。到296年的时候，史料中还能看到关于弗里斯人的记载。到了公元4世纪，弗里斯人开始和新迁入的撒克逊人等进一步融合，形成了全新的"弗里斯兰人"。

在巴塔维亚起义之后的200年时间里，罗马在荷兰的统治是相对稳定的。到了公元3世纪，由于罗马内部的纷争，罗马在荷兰的统治也开始动摇，虽然戴克里先时期的稳定曾得到短暂恢复，但已不复往日的辉煌。公元4世纪初的时候，罗马统治进一步衰落，直至410年法兰克人染指荷兰，罗马统治终告结束。

关键词：西维利斯／起义

巴塔维亚起义

▪ 公元 69 年 ~ 公元 70 年

　　巴塔维亚人虽然消失在历史的长河中，却一直存在于荷兰人的记忆之中，成为全民族共同记忆的一部分。前往美国定居的荷兰人将他们在纽约、俄亥俄、伊利诺伊和威斯康星等地的定居点都命名为巴塔维亚。荷属东印度群岛的荷兰殖民官将首府定名为巴塔维亚。一艘荷兰东印度公司的帆船也被赋予了巴塔维亚这个令人骄傲的名字。甚至在20世纪，巴达乌斯（Batavus）还是某个荷兰畅销的自行车品牌。所谓的民族记忆，大抵如此。

巴塔维亚人在罗马军队之中

　　根据罗马历史学家塔西佗的记述，巴塔维亚人是日耳曼民族中最勇敢的一支，罗马人也敬佩他们的英勇气概。他们于公元前 13 年成为罗马的盟友，要为罗马军团提供兵源，前去服役的人必须服役满 25 年，除非战死。巴塔维亚人天生好战，是经验丰富的骑手和舵手，深谙水性。在罗马服役期间，他们完善了士兵全副武装渡河的独特技术，为罗马军团的发展贡献了力量。

　　盖乌斯·尤利乌斯·西维利斯是巴塔维亚的贵族，自幼接受罗马式教育。

作为在罗马军队中服役 25 年的老兵，他和八支巴塔维亚人组成的军队在公元 43 年罗马征服英国的过程中发挥了重要的作用。然而，巴塔维亚人逐渐开始寻求自由，脱离罗马的统治。公元 66 年，罗马先发制人，将从英国撤回的西维利斯和他的弟弟以叛国罪逮捕。他的弟弟被判死刑，而西维利斯则被带回罗马接受皇帝尼禄的审判。从西维利斯的名字中可以得知，他已经接受了罗马公民的身份，所以才能接受皇帝的审判。当他还在狱中等待审判的时候，罗马发生叛乱，尼禄的统治被推翻，随后自杀。新上任的皇帝虽判他有罪，但允许他返回自己的家乡。

随后局势更加混乱，首先是西维利斯再次被捕，面临被处死的危险。与此同时，罗马军团中的罗马系和日耳曼系也产生了矛盾。新皇帝不信任日耳曼系，解散了日耳曼人的禁卫团，也疏远了百名巴塔维亚的精英。事实上，这等

> **西维利斯雕像**

这尊大理石的西维利斯雕像位于荷兰的奥兰治亲王花园，于 1820 年～1821 年雕刻而成。据考证，西维利斯本身具有罗马公民身份，但是在荷兰革命时期，西维利斯作为反抗暴政的典型而被推上了荷兰民族英雄的宝座。

∧ 油画《西维利斯的密谋》

瑞典国家博物馆藏。伦勃朗绘制。这是伦勃朗受托为阿姆斯特丹新市政厅绘制的油画作品，在高近2米、宽3米多的画面上，伦勃朗选择了西维利斯宣誓起义的那一刻。画面中公民、王冠和剑成为主要元素，表现了西维利斯的坚毅和果决。据说原作的大小应该是边长5米的正方形，后来经过裁切才有了现在这个样子。

于疏远了所有的巴塔维亚人，对于他们来说无疑是一种侮辱。而前面提到入侵英国的八支巴塔维亚人组成的军队与其所属的罗马军团关系崩溃。屋漏偏逢连夜雨，罗马又爆发了反对新皇帝的内战，此时的罗马帝国处于风雨飘摇中。

揭竿而起

西维利斯曾在罗马军团中服役多年，深知罗马军团战术的他自然知道应该如何应对他们的进攻，更明白应该如何打败他们。公元 69 年 8 月，西维利斯组成了一个包括凯尔特人和日耳曼人的低地部落联盟。西维利斯

是利用何种手段劝说其他部落
跟随他共同起义的，我们不得
而知，但可以肯定的是，他的
游说取得了极大的成功，例如
加纳法特人，他们跟随首领布
里诺袭击了几座罗马的要塞，
其中包括今天的乌得勒支。此
时大多数罗马军团都在意大利
因为内战打得不可开交，一时
无法抽身来镇压起义。

眼见局势危急，罗马莱茵
军团的指挥官弗拉库斯派遣一
支预备军团前来平定局势。事
实证明这是一个错误的决定，
起义军大败预备军团，这对罗
马来说可谓另一场灾难。意识
到问题严重性的弗拉库斯决定
派两支正规的罗马军团镇压起

> 油画《巴塔维亚人在莱茵河击败罗
马军队》

荷兰国立博物馆藏。奥托·范·维恩
绘制。这幅作品是1613年维恩受政
府委托创作的关于巴塔维亚起义的12
幅作品中的一幅。莱茵河之战的胜利
是巴塔维亚起义的高潮，此战巴塔维
亚人击败了两个罗马军团，并将战线
控制在了莱茵河畔。

∧ 油画《西维利斯和昆图斯·佩提里乌斯·科瑞阿里斯在桥上会谈》

荷兰国立博物馆藏。费迪南德·博尔绘制。这幅油画再现了西维利斯率军取胜之后，罗马军团暂时放下了姿态，其将领昆图斯·佩提里乌斯·科瑞阿里斯提议在莱茵河的一座桥上进行谈判，西维利斯答应了其请求，故此才有了这样一个场景。

义，随行的还有三支预备军团。预备军团中包括一支巴塔维亚骑兵中队，最后关头他们抛弃了罗马人，加入起义队伍中。结果罗马军团再次大败。此时的巴塔维亚起义军占了上风，暂时脱离了罗马的统治。甚至是后来称帝的韦斯巴芗也由于起义军拖住了莱茵军团赶往罗马的脚步而称赞他们，并向他们承诺日后定会允许他们独立。

但这对于巴塔维亚人来说还远远不够，西维利斯誓要毁灭先前与他们作战的两个罗马军团。此时可谓天赐良机，因为罗马的内战正处于白热化阶段，很难组织起有效的反击。而且此时的八个巴塔维亚军队正在返乡的路上，说服他们加入起义是轻而易举的事。公元69年的9月，巴塔维亚人包围了两支军团的驻地，决定将他们围困致死。而为了避免惩罚，弗拉库斯耐心地等待内战的结果，等待下一步的命令。结果罗马传来韦斯巴芗胜利的消息，弗拉库斯决定不再等待，带领援军前去解救被困的军团。在这场战役中西维利斯遭到惨败，但是罗马人也付出了巨大的代价。

弗拉库斯由于军团内部的原因被杀后，西维利斯抓住机会，再次包围了军团的驻地。其他的罗马军团不足以与起义军对抗，情势危急之下，军团在被承诺安全后，决定投降，并交出了所有武器和黄金。在接下来的几个月中，西维利斯试图劝说北部高卢和日耳曼的其他部落加入起义。

起义的尾声

受到起义和内战的影响，罗马无疑损失惨重。韦斯巴芗赢得了内战，控制了罗马的局势。他登基后无法再对起义坐视不理，即使有过先前的承诺，他依旧决定着手镇压起义。他派出自己的亲信，具有丰富作战经验的赛睿里斯前去平叛。为了保证胜利，他召集了一支庞大的军队。罗马人采取了分化政策，从起义军中的凯尔特人入手。强大的罗马军团具有极大的威慑力，在指挥官的多方努力之下，凯尔特各部落分别独自与罗马和解，很快起义军中就只剩下日耳曼人。

在巴塔维亚，西维利斯试图向罗马军团发起进攻，陆上的部队和海上的部队相互配合，甚至在一次袭击中成功夺取了罗马舰队的旗舰，这极大地激怒了罗马人。赛睿里斯决定不再犹豫，径直向巴塔维亚发动进攻。

在起义爆发的开始阶段，罗马还在进行与犹太人之间的战争。等到公元70年，耶路撒冷被攻占的消息传回罗马后，西维利斯意识到这时罗马的全部兵力都可以集中对付自己领导的起义军了。为了避免更多的伤亡，西维利斯决定与罗马进行谈判。最终，巴塔维亚人重新与罗马缔结盟约，八支巴塔维亚军队再次归入罗马军团。作为惩罚，巴塔维亚的首都被摧毁，居民被迁至几千米之外。至于西维利斯，他之后的命运我们不得而知，史书中并没有相关的记载。

虽然巴塔维亚起义失败了，但是他们反抗罗马统治的精神却传承了下来，在荷兰独立反抗西班牙统治的过程中巴塔维亚起义被推崇备至，其精神激励了荷兰人奋起抗争。

< 油画《罗马人击败巴塔维亚起义军》

荷兰国立博物馆藏。这也是奥托·范·维恩12幅作品中的一幅。画面表现了在叛徒的带领下，罗马军队突袭西维利斯起义军，最终导致起义失败的场景。

VISIBLE
HISTORY OF THE
WORLD

关键词：弗里斯兰／拉德伯德

弗里斯兰—法兰克战争

▪ 689 年 ~ 793 年

从公元5世纪开始，随着气候条件的改善，原本居住在低地国家范围内的日耳曼人大规模东迁，在今天的荷兰北部出现了大量的新移民，其中大部分是撒克逊人、安格尔人和朱特人，但是他们中的许多人并没有留在那里，而是迁往了英格兰。留在荷兰北部的这些迁徙者和当地的弗里斯人相融合，最终被称为"弗里斯兰人"，并且成为现代弗里斯兰人的祖先。

弗里斯兰王国

在罗马帝国崩溃之后，弗里斯兰人开始进入一个全新的发展时期，他们是欧洲西北部商业贸易的主要参与者。在 550 年左右，弗里斯兰人的水上贸易得到了大规模发展，并且占据了一些土地肥沃的领土，开始出现具有一定权力的领导者。和日耳曼民族一样，弗里斯兰人最初仅有酋长作为领导者，当发生战争时，这些酋长们的身份才会发生转变，并在此基础上逐步贵族化。公元 6 世纪，由不同的部落联合起来的弗里斯兰王国逐渐形成，统治领域延伸到了莱茵河三角洲的马斯地区，现在荷兰的大部分地区都在弗里斯兰王国的统治之下。考古学家和历史学家研究认为，荷兰北部的韦斯特戈就是弗里斯兰王国的一个核心区域。

630 年，法兰克国王达戈贝尔一世征服了奥德莱茵以南的地区，基督教开始传入弗里斯兰，弗里斯兰人在乌得勒支建造了第一座教堂。而此时面对法兰克的入侵，弗里斯兰人不得不暂时退却。650 年左右，随着达戈贝尔一世的去世，弗里斯兰人再度回到莱茵河三角洲，并且将乌得勒支建成弗里斯兰国王的驻地。在弗里斯兰国王奥尔德吉斯统治时期，弗里斯兰和法兰克的矛盾进一步升级。尤其是他的儿子拉德伯德继位之后，弗里斯兰和法兰克关于领土的冲突进入白热化，战争一触即发。

拉德伯德与丕平二世的对决

拉德伯德虽然算得上弗里斯兰王国比较有作为的国王，但是他面对的对手更为强大，这就是法兰克王国的宫相丕平二世。689 年，拉德伯德率军占领了当时欧洲最大的交易场所之一的杜里斯特。针对弗里斯兰的进攻，丕平二世迅速做出部署，进行反击。拉德伯德被丕平二世包围在了杜里斯特附近以前罗马人建造的城堡，并将拉德伯德彻底击败，

∧ 蚀刻版《弗里斯兰地图》

荷兰国立博物馆藏。地图刻制印刷于 1677 年左右，地图的左下方是地图名称和由海洋生物环绕的弗里斯兰徽章，右上角是沿海岛屿的放大细节图，右下角绘制的是弗里斯兰的农业产品和牲畜——黄油、奶酪、谷物和牛。通过这幅地图我们可以看到弗里斯兰统治的大部分区域。

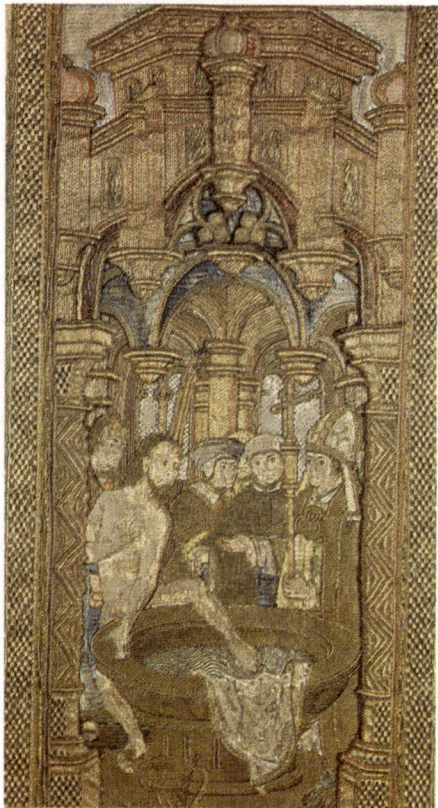

◀ 刺绣《拉德伯德拒绝接受洗礼》

荷兰乌得勒支加大肋纳会院博物馆藏。这幅制作于16世纪的刺绣作品，描绘的是弗里斯兰国王拉德伯德拒绝接受洗礼的事情。画面中拉德伯德赤身裸体地从洗盆中出来，旁边是尴尬的主教和神职人员。拉德伯德之所以在最后一刻拒绝受洗，据传说是因为拉德伯德在受洗的时候曾问道："我的祖先是否也在天堂？"旁边的人回答说："如果他们没有接受洗礼，他们肯定会下地狱。"听了这句话，拉德伯德迅速取消了洗礼并说："我宁愿和我的祖先一起待在地狱里，也不愿意和一群我不认识的穷人待在天堂里。"

同时进占莱茵河以南。虽然弗里斯兰人实力仍存，但是法兰克人却已经逼近乌得勒支。689年的杜里斯特战役是弗里斯兰—法兰克战争的开端。

杜里斯特战役之后几年，拉德伯德开始与丕平二世讲和，他主动放弃了奥德莱茵和茨温之间的土地，弗里斯兰的南部边界收缩到现在的根特和布鲁日之间。之所以如此，是因为拉德伯德将自己的女儿嫁给了丕平二世的儿子，用联姻换来了和平。714年，随着丕平二世的去世，法兰克爆发内战，拉德伯德借机参与到法兰克内战之中。716年，拉德伯德重新夺回乌得勒支附近和杜里斯特，并缴获了大量的战利品。取得如此胜利，拉德伯德信心爆棚，开始筹划入侵法兰克的战争，并为此组建了一支强大的军队。然而，上天并没有给他这样的机会，719年，拉德伯德撒手人寰，他的战争计划被迫中止。

弗里斯兰王国的衰亡

在拉德伯德去世之后，弗里斯兰王国开始走下坡路。而此时的法兰克在丕平二世之子查理·马特的率领下，走出了内战，并且将目标对准了弗里斯兰，迅速将韦勒以西地区纳入囊中。查理·马特采用分化瓦解的手法，进一步拉拢弗里斯兰的贵族，弗里斯兰王国处于分崩离析的状态下。733年，查理·马特开始对弗里斯兰发动进攻。第二年，双方在博恩展开激战。这次战役中，弗里斯兰国王波波的军队被全歼，波波本人也战死沙场。经此一役，弗里斯兰王国彻底走到了尽头，劳沃斯西部所有的地区都被法兰克占领，仅有东部一隅属于弗里斯兰人。

弗里斯兰人虽然丧失了独立地位，但是他们针对法兰克的反抗并没有停止。弗里斯兰人的反抗不仅表现在武装起义上，还表现在对基督教传入的抵制上。这其中最具代表的事件是博尼法斯谋杀案。博尼法斯是法兰克王国的一名传教士，随着法兰克王国的强大，博尼法斯的传教活动也逐步

历史断面

古城乌得勒支

乌得勒支是荷兰乌得勒支省的省会，也是荷兰第四大城市。乌得勒支的建城历史可以追溯到公元47年罗马人在莱茵河畔修筑的要塞，这个要塞有500名罗马士兵驻守，还有大量的工匠、商人和士兵家属。由于日耳曼人的入侵，270年罗马人撤离。从270年到500年这个城市的历史不为人知。进入中世纪之后，乌得勒支成为尼德兰北部最重要的城市。695年，威利布罗德被指派为弗里斯兰主教，公元8世纪初，丕平二世将乌得勒支赠予威利布罗德，将之作为他向北方传教的基地。1122年，乌得勒支取得城市资格，从此开启了乌得勒支崭新的历史，在整个荷兰的建国历程中发挥了重要作用。

∧ 荷兰多克姆市圣博尼法斯公园的博尼法斯雕像

深入到法兰克占领的地区。早在 716 年的时候，博尼法斯就曾在弗里斯兰传教，但效果不大。754 年，博尼法斯带领两名助手、仆人和一群士兵再次来到弗里斯兰。对于被征服的弗里斯兰人来说，博尼法斯的这次行动更像是一次武装传教。来到弗里斯兰之后，博尼法斯为大量的弗里斯兰人施洗，并召集新的皈依者参加集体聚会，声势浩大。就在这场集会结束的第二天即 754 年 6 月 5 日，博尼法斯、两名助手及士兵等 52 人被弗里斯兰人在多克姆杀死。这就是博尼法斯谋杀事件。后来博尼法斯被追封为圣徒，成为荷兰历史上的知名人物。

782 年，弗里斯兰人在弗里斯兰王国故地东部劳沃斯发动起义，起义热潮迅速蔓延到西部。783 年，法兰克国王查理曼派军镇压起义。785 年，弗里斯兰起义被彻底镇压。为了惩罚弗里斯兰人，查理曼剥夺了弗里斯兰男性的继承权，让他们丧失了自由人的身份。793 年，弗里斯兰人发动了最后一次起义，依然被查理曼残酷镇压，自此之后，弗里斯兰人彻底臣服于法兰克人的统治之下。

∧ 版画《博尼法斯遇刺》

荷兰国立博物馆藏。这幅版画作品反映了博尼法斯遇刺身亡的情景，博尼法斯后来被追认为圣徒。这看似是一次传教过程中的恶性事件，却从一个侧面反映了弗里斯兰人反抗法兰克统治的不满情绪。

VISIBLE
HISTORY OF THE
WORLD

关键词：鲍德温一世 / 城市 / 行会

荷兰历史上的法兰克时代

▪ 793 年 ~ 1384 年

自罗马帝国崩溃之后，巴塔维亚人、弗里斯兰人相继登上荷兰的历史舞台又转瞬即逝，法兰克人终于成为这片土地的主人。进入中世纪之后，荷兰的历史成为低地国家历史的一部分，并且与法兰克人的历史交织在一起。在这一时期，荷兰各大城市如雨后春笋般发展起来，奠定了现代荷兰的行政版图。

弗兰德斯的兴起

在查理曼大帝的统治下，封建制度在今天的荷兰开始推行，奠定了现代荷兰行省的基础，在以后荷兰历史中发挥了重要的作用。843 年，根据《凡尔登条约》，庞大的法兰克帝国被分为东、西、中三个部分，西法兰克和中法兰克以斯海尔德河为界，荷兰成为中法兰克的一部分。855 年，中法兰克再次分裂成三个国家。根据 870 年的《墨尔森条约》，现在的荷兰成为再次分裂后的东法兰克的一部分。经过这两次大的分裂事件，皇帝和受封者的联系越来越薄弱，原本是帝国官僚的公爵、伯爵和主教们，便将自己的采邑转为独立的领地。其中最不可忽视的是布拉班特和格尔公爵领地、弗兰德斯和荷兰伯爵领地以及诸多主教辖区，其中以弗兰德斯最具代表性。

鲍德温一世被认为是弗兰德斯的第一位伯爵，他娶了西法兰西国王秃头查理的女儿朱迪斯，确立了自己在弗兰德斯的统治地位。到了弗兰德斯伯爵鲍德温二世时期，由于维京人的侵袭，法国国王不能够抵御维京人，于是鲍德温二世开始自立山头，在抵抗维京人的过程中发展壮大，成为弗兰德斯的真正创始人。在阿尔努夫统治时期，弗兰德斯的领土扩展到了索姆河，从此弗兰德斯进入稳定的发展时期，虽然战争时有发生，但并没有影响弗兰德斯的发展。

11世纪后，弗兰德斯纺织贸易开始沿斯海尔德河兴盛起来。根特、多尼克、伊培伦、艾瑟尔和托尔豪特成为重要的纺织中心，位于各贸易要道枢纽的布鲁日成为交易中心。这些城镇在12、13世纪发展为大型的工商业城市。13、14世纪是相对和平且繁荣的时期。城市获得足够的实力让伯爵和公爵们让步，给予它们一定程度的独立权。

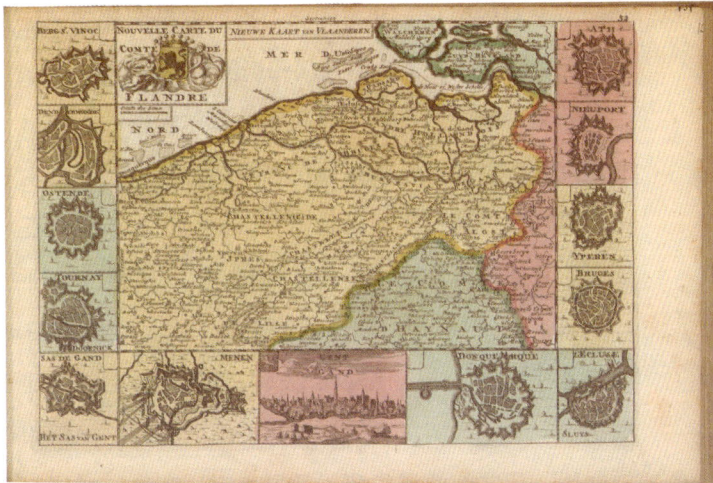

∧ 蚀刻版《弗兰德斯地图》

荷兰国立博物馆藏。地图绘制于17世纪晚期，再现了整个弗兰德斯的全貌，在地图的周围是弗兰德斯的12个城市的图像，这其中就包括根特在内。

荷兰城市的发展

大约在1050年前后，西北欧的经济增长出现了前所未有的变化，北方的弗兰德斯就是明显的例证。在南方，城市的集中兴起主要在莱茵河、墨兹河和斯凯尔特河周边，这些地方人口急剧增长，工商业发展迅速，安特卫普、布鲁塞尔、鲁汶、列日、布鲁日都是在这一时期逐渐形成的。特别是弗兰芒海岸的开发、商品生产的进步和新技术的研发促进了经济贸易活动的增长，推动了城市化进程。纺织工业在阿蒂西亚、弗兰德斯蓬勃发展，石材的出口也在该地区成为主要产业。

从 14 世纪开始，黑死病的爆发引起了巨大的震动，欧洲的许多名城受到了很大的冲击，而现在的荷兰受到的影响明显要弱很多，欧洲北部也成了这一时期经济发展较为迅速的地区，弗兰德斯和布拉班特的重要性日益显现，荷兰的海洋优势也凸显出来。在这一时期，莱顿、哈勒姆、代尔夫特、高达、鹿特丹等已经初具规模。

到了 13 世纪，整个低地国家的主要城市和区域都得到了长足发展，布拉班特、林堡、乌得勒支、格罗宁根、弗里斯兰、荷兰、泽兰等地区开始以各自的独特面貌登上历史的舞台，为现代低地国家的建立和荷兰的进程奠定了坚实的城市基础和经济基础。

独特的城市社会格局

在 10 世纪的时候，尼德兰北部由于维京人的定居并与当地的居民融合而没有

< 铜鎏金圣乔治屠龙烛台

美国纽约大都会艺术博物馆藏。烛台整体造型是圣乔治屠龙的形象，这个与基督教相关的故事在中世纪的荷兰已经深入人心，而独特的造型、精湛的工艺则反映了当时手工艺的发展水平。

了威胁，人口开始稳定增长。这一时期，骑士阶层开始扩大，并逐渐形成一种可与贵族相媲美的爵位拥有者，创造出一种宫廷文化。在早期的尼德兰城市里，城市主教可以由皇帝任命，比如乌得勒支的第一任主教就是由加洛林王朝的国王任命的。但自1122年《沃尔姆斯宗教协定》签署之后，国王失去了主教的任命权，这样的结果使布拉班特、聚特芬以及荷兰省几乎成了独立的公国。

在很多城市，行会成为一种独特的社会构成，商人们的经营活动受行会的约束和规范，形成了富有的商人精英阶层，开始和贵族、神职人员在行政事务中平分秋色。

城市中，除了贸易和工业之外，文化事业也开始蓬勃发展。1425年，布拉班特成立了荷兰的第一所大学，改变了当地年轻人要学习和进行研究不得不去巴黎和科隆的境况。与此同时，律师的人数明显增加，有效地限制了贵族的政治影响，并且让民法的作用明显比教会法重要。这些变化是荷兰城市在法兰克统治时期的主要特征，为后来荷兰的独立奠定了良好的社会结构基础。

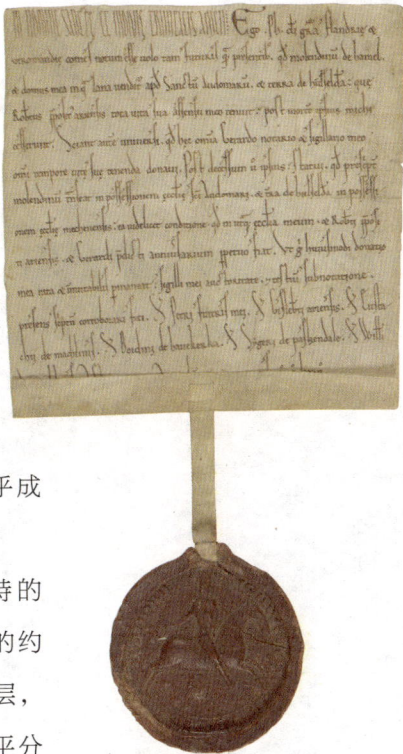

∧ 弗兰德斯伯爵阿尔萨斯的菲利普印章和羊皮卷

美国纽约大都会艺术博物馆藏。阿尔萨斯的菲利普是12世纪初的弗兰德斯伯爵，他在位期间推行强有力的城市政策，将弗兰德斯的发展推向了一个新高度。在发展经济的同时，也很注意基础建设，葛弗兰、新港、达默等港口就是在这一时期发展起来的。

◄ 根特的弗兰德斯伯爵城堡

伯爵城堡位于根特的心脏地带。这座牢固的灰色堡垒由弗兰德斯伯爵阿尔萨斯的菲利普于1180年主持修建。城堡里有个秘密地下室、一个博物馆和一个历史武器展览馆。

关键词：弗兰德斯／布鲁日晨祷

金马刺之战

▪ 1302 年

到12世纪下半叶，弗兰德斯进入了发展的黄金时期。法国虽然名义上占有这片土地，并且在1297年将其并入了王室领地，但这一举动遭到了弗兰德斯人民强有力的抵抗故未能顺利实施。弗兰德斯和法兰克矛盾的爆发，导致了著名的金马刺之战。金马刺之战是中世纪步兵战胜骑兵的经典战例，同时也是弗兰德斯在政治上从法国独立的里程碑。

布鲁日晨祷

法兰克和弗兰德斯的矛盾可以追溯到法王腓力四世时期。1285 年，腓力四世即位，他希望重新控制弗兰德

> 弗兰德斯伯爵丹皮尔的盖伊银币

弗兰德斯在盖伊统治时期，经济发展迅速，尤其是在自己的领地内有独立的货币发行权，其经济发展依靠法国和英国之间的贸易往来，积累了大量财富。这个银币就是盖伊铸造的，其正面是盖伊的半身像，背面则为十字三星图案。

∧ 版画《监狱中的盖伊和女儿菲利皮娜》

作品再现了盖伊和女儿菲利皮娜被法王腓力四世抓捕以后的情景。盖伊目光坚毅，右手握拳，神情中毫不屈服，菲利皮娜紧紧抱着自己的父亲，充满哀伤。盖伊之所以和英格兰联姻，一则为了与英国的贸易着想，一则是想借助英国的力量来抵挡法国的步步紧逼。

斯，毕竟在名义上弗兰德斯还是法兰克的一部分。为了将名义所有变成现实，腓力四世开始加紧行动。到了1290年，腓力四世通过分化瓦解，已经赢得了弗兰德斯当地一些知名人士的效忠，这其中就包括赫诺、荷兰和泽兰伯爵阿维斯的约翰。但是，腓力四世也受到了以丹皮尔的盖伊为首的弗兰德斯人的抵制。在弗兰德斯，亲法的一派被称为"百合派"，反法的一派被称为"魔爪派"，两派之间在对法兰克的态度上吵得不可开交。

1294年，因为阿基坦公爵领地的归属问题，腓力四世和英国国王爱德华一世开战。这时的弗兰德斯却站在了英国一边，这是因为在经济上以羊毛贸易、纺织业为支柱的弗兰德斯特别依赖英国。当时弗兰德斯伯爵丹皮尔的盖伊已经准备将女儿菲利皮娜嫁给爱德华一世的儿子，腓力四世将盖伊和他的女儿抓了起来，阻止

◁ **布鲁日大广场上的扬·布雷德尔和彼得·德·科宁克铜像**

作为"布鲁日晨祷"事件的领导者，扬·布雷德尔和彼得·德·科宁克成了布鲁日人的英雄。1887年，他们两人的铜像在布鲁日大广场建成，铜像充满了历史浪漫主义的色彩。

∧ 科特赖克古战场出土的古尔登

比利时科特赖克1302博物馆藏。古尔登又被称为刺槌，形状像一个根带铁锥的长棒，在棒头有圆桶状的铁锤头。在锤头正上方安装一根四棱铁椎，铁椎不太锋利却十分厚重结实。从结构上来说，这是一个用来砸击和刺穿铠甲的设计。刺槌一般长1.2到1.7米，重量在2千克左右，槌顶的锥尖长度在10厘米左右。相对于长矛，刺槌的长度短，攻击范围小，但是打击力度和穿刺强度却远胜于长矛。为应对披甲的骑兵，刺槌特意强化了结构和重量，顶部锤头可以像双手长锤一样荡开骑兵的刀剑砸破铠甲，厚重的锥尖对于刺穿锁甲非常有效。

了这次联姻。1295年，在教皇的调解下，盖伊缴纳了罚金后被释放。随后，腓力四世便开始入侵弗兰德斯，弗兰德斯的城市一个接一个地落入法国人手中。1297年，弗兰德斯和法国国王签署了停战协议，法国暂时退出了弗兰德斯。1300年1月，在休战期满之后，法国再次入侵弗兰德斯。5月，法国完全控制了弗兰德斯，伯爵盖伊被抓了起来，而腓力四世专门对弗兰德斯进行了巡视。

　　在弗兰德斯期间，腓力四世任命总督雅克·德沙迪龙管理该地。在被法国军队逐出家园之后，1302年3月18日，布鲁日的市民们重回这座城市并杀死了他们见到的每一个法国人。这次屠杀也被称作"布鲁日晨祷"，屠夫扬·布雷德尔和彼得·德·科宁克成了这次起义的领导人，布鲁日大广场现在还有二人的塑像。法国总督德沙迪龙勉强逃脱。根据传说，布鲁日市民们通过要求被怀疑对象用荷兰语念一句荷兰短语 schilt ende vriend（即英文 shield and friend，中文"庇护和朋友"）来判断他是不是法国人。那些难以用荷兰语念这句口令的人便被杀掉了。

步兵和骑兵的较量

当布鲁日起义的消息传到巴黎之后，腓力四世派遣阿图瓦的罗贝尔二世率军前往平叛。法国军队是标准的封建军队，由 2500 名贵族骑兵（包括骑士和骑士扈从）组成。1000 名弩兵，1000 名长矛兵和数量达 3500 名的其他轻步兵支援着他们。总兵力约 8000 人。弗兰德斯方面则有两支武装，其一是由弗兰德斯伯爵盖伊之孙于利希的威廉以及彼得·德·科宁克率领的 3000 名布鲁日民兵；其二则是由弗兰德斯伯爵盖伊之子那慕尔的盖伊和盖伊伯爵的另外两个儿子带领着从布鲁日城郊和沿海地区召集的 2500 人。两支队伍在科特赖克附近会师。来自东边的由根特的扬·波尔鲁特率领的 2500 人，以及来自伊佩尔的由泽兰的扬·范·雷内塞率领的 1000 人也相继赶到。

弗兰德斯人的武装主要是由工匠和农民组成的民兵，他们装备着古登达（一种棍棒和长矛的合成品，即刺槌）和被称作戈尔登的长矛，这两种武器可以达到刺和砍的目的。他们以组织有序、训练有素而著称。弗兰德斯的总兵力达 9000 人，包括 400 名贵族。和法军以及其他封建军队最大的不同在于，弗兰德斯人的军队几乎全部是步兵，只有指挥官骑马。他们在战斗初期采取防守战略。

1302 年 7 月 9 日至 10 日，弗兰德斯人对科特赖克的进攻失败后，于 7 月 11 日在科特赖克郊外的一片旷野与法军遭遇。这片田野上布满了无数小溪和沟壑，不便于法国骑兵冲锋攻击。法军命令侍从将木材架设在小溪上，但未等架设完成，大批法军步兵便带头冲锋，并且在近战中占据了上

∧ 油画《金马刺之战》

比利时科特赖克1302博物馆藏。尼卡斯·德·凯泽绘。科特赖克1302博物馆是关于金马刺之战的专门博物馆，博物馆里收藏了大量的关于金马刺之战的文物，包括与此战相关的硬币、武器、头盔、铠甲和绘画等。这幅由尼卡斯·德·凯泽创作的油画就是其中的藏品之一。

风。但是，法军指挥官阿图瓦的罗贝尔二世却撤回了步兵，以便让骑兵出击，从而将得胜的功劳加在贵族骑兵的头上。然而由于骑兵被回撤的步兵挡慢了速度，以及弗兰德斯人战术稳健，法国骑兵成了重装弗兰德斯民兵的囊中之物。当法军意识到战斗失利后，撤退时被弗兰德斯人追了10千米便溃不成军。

在战斗开始前，弗兰德斯军接到命令对法军不留活口，也就是不顾利用被俘虏的敌方骑士或贵族索要赎金的军事习惯。这是为了避免弗兰德斯步兵把俘虏带到弗兰德斯军防线后面，从而打乱弗兰德斯军的阵形。战斗中，法军的最高指挥官阿图瓦的罗贝尔二世在战场上被围攻而死亡。大批法国骑士的金马刺被弗兰德斯人缴获，这场战役由此而得名金马刺之战。在战斗中至少 1000 名贵族骑兵战死。缴获的法国金马刺被悬挂在科特赖克的圣母教堂内，以纪念这次伟大的胜利。

这场战役的重要结果是被视为无敌的一大支骑兵部队被较"平庸"但却装备精良且训练有素的聪明的步兵彻底击溃，这带给欧洲的军事统帅们以极大震撼。本战役也为终结骑兵至高无上的观念起到了作用，并引发了对军事策略和技术的深度重审。该战役对 19 世纪的弗兰芒民族主义运动有着巨大影响，19 世纪末，荷兰语成为法定官方语言。

历史断面

弗兰德斯今昔

弗兰德斯作为一个历史地名，其大致位置在今天西欧低地的西南部、北海沿岸，包括今天荷兰的泽兰省、比利时的东弗兰德省和西弗兰德省、法国的加来海峡和北方省。1384 年，弗兰德斯并入勃艮第公国，1477 年归哈布斯堡王朝统治。1648 年弗兰德斯的北部地区（今荷兰泽兰省）归并荷兰，1659 年～1679 年弗兰德斯的南部地区（今法国加来海峡省）归并法国，弗兰德斯的其余地区（除布拉班特外）于1713 年成为奥（地利）属尼德兰的主要部分。1794 年法国占领弗兰德斯，1815 年维也纳会议又把它划归荷兰。1830 年比利时革命后，弗兰德斯成为比利时王国的领土。

VISIBLE
HISTORY OF THE
WORLD

关键词：好人腓力／南锡之战

荷兰的勃艮第时代

- 1384 年～ 1482 年

到了中世纪晚期，荷兰的历史和低地国家的历史紧密相连。金马刺之战后，弗兰德斯获得了空前的发展和巨大的权限。到了弗兰德斯伯爵路易二世统治之时，由于他没有男性继承人，1384年在他去世后，他的女儿玛格丽特三世继承了这片土地，而玛格丽特三世早已嫁给了法国国王约翰二世的小儿子勃艮第公爵大胆腓力，这个婚姻让勃艮第获得了弗兰德斯的统治权，从此进入了荷兰历史上的勃艮第时代。

好人腓力的扩张之路

在大胆腓力和玛格丽特三世继承了弗兰德斯之后的几十年里，勃艮第公爵大举取得低地国家的领土。布鲁日、根特的周边、斯凯尔特河以东的洛林周边、梅赫伦、阿图瓦相继被收入囊中。到了他们的儿子无畏者约翰在位的时候，勃艮第郡以东、前阿尔勒王国的一部分也被腓力二世收入囊中。此后，在兼并和收购下，勃艮第的领土不断扩大，而最终奠定现在荷兰、比利时格局的则是勃艮第公爵好人腓力。

勃艮第公爵好人腓力，又被称为腓力三世。他是无畏者约翰和巴伐利

∧ 油画《弗兰德斯伯爵夫人玛格丽特三世肖像》

法国里尔临终关怀院博物馆藏。未知艺术家绘。玛格丽特三世作为弗兰德斯伯爵的唯一继承人，一开始她的婚姻就是政治交易的产物，但是婚后她和大胆腓力的关系却十分密切，大胆腓力非常爱她，她随时都能收到来自丈夫的礼物。而且大胆腓力经常将两人名字中的首字母"P＆M"用于各处进行装饰。

亚的玛格丽特的儿子，1396 年出生在第戎。1404 年，无畏者约翰继承了勃艮第公爵爵位。1405 年 1 月 28 日，腓力被封为夏洛来伯爵。

1419 年，无畏者约翰遇刺身亡，腓力即位成为勃艮第公爵和弗兰德斯、阿图瓦、弗朗什—孔泰的统治者。腓力继位之后，为了报父亲被杀之仇，发动了阿马尼亚克—勃艮第之战，并和英国国王亨利六世结盟，用联姻和英国加强关系。而当时英法两国正处于百年战争期间，腓力的举动引起了法国的强烈不满。在这样的情况下，腓力自称为"西部大公"。

而实际上，腓力并不想过多地介入英法之间的战争，他更关注的是自己的领土。1421 年，腓力将那穆尔收入囊中。1430 年，他继承了布兰特班和林堡公爵爵位，将两地纳入自己的统治。1432 年，埃诺、荷兰、泽兰归其所有。1441 年，腓力又获得了卢森堡公国。1456 年，他扶持自己的私生子大卫成为乌得勒支主教，并让自己的侄子路易·波旁成为列日主教，从而控制了这两个主教区。

腓力试图统一所有的省份，为此他于 1464 年成立第一届总议会，由各省议会代表组成。这个总议会没有任何行政权力，仅为批准税制而召开。在统治方面，行省的统治者通过任命产生，被称为"执政王"。但这些省份并没有被真正统一，它们视彼此为独立的王国，不允许各省官员自由通行。

> 银镀金珐琅彩绘戏猿图案杯

美国纽约大都会艺术博物馆藏。这个杯子是勃艮第公爵好人腓力时代的产物，产地应该是今天的荷兰南部，应该是专门为勃艮第宫廷制作的。杯子上的图案是猿猴抢走了小贩的衣物而在树枝间嬉戏的情景。精致的制作，反映了好人腓力时代的艺术品位。

南锡之战

好人腓力去世之后，他的儿子大胆查理继承父位，并把格尔和聚特芬两省纳入勃艮第之内。大胆查理想成为其领土的加冕国王。他同哈布斯堡王室、神圣罗马帝国皇帝腓特烈三世协商加冕之事，他甚至将自己的女儿玛丽嫁给了腓特烈之子马克西米利安。最终，由于政治反对派的坚决离场，他在加冕前临阵退缩。

在大胆查理统治时期，随着领地不断扩大和富庶，查理的野心在膨胀，他不断参与欧洲大国政治斗争，这最终导致了他的死亡。他首先和奥地利大公西吉斯蒙德因为阿尔萨斯问题产生矛盾，后来又参与莱茵省的内部斗争，并且在洛林公国继承人的问题上指手画脚，无疑这些举动都给他和勃艮第树立了敌人。

∧ 油画《勃艮第公爵大胆查理肖像》

荷兰国立博物馆藏。未知艺术家绘。该像为全身像，查理站在瓷砖地板上，身穿长袍，脖子上挂着勃艮第的金羊毛勋章，在画的右上角有勃艮第的家族徽章。

1476 年 10 月，查理为夺回在先前战役中曾征服但后遭洛林公爵勒内二世收复的洛林公国首都南锡，而包围此城。查理知道救援南锡的军队很快就会赶到，因此在临近严冬的情况下仍全力攻城。但因天气好转救援的军队提前赶到，使得他只来得及

> 勃艮第铁头盔

美国纽约大都会艺术博物馆藏。头盔为
纯钢打造，虽饱经历史风雨，却依然光
彩照人。优雅的螺旋形状是十五世纪勃
艮第盔甲制作的典型特色，是勃艮第军
队的常用装备。

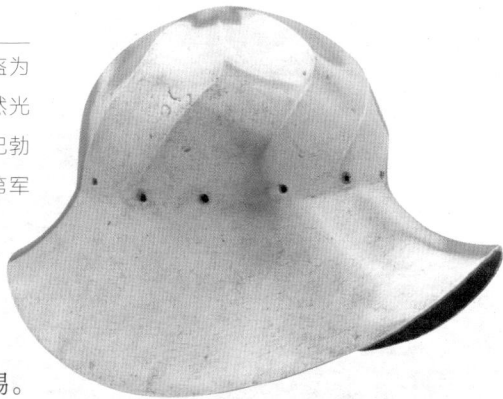

包围城市，而未能及时攻下南锡。

　　1476 年 12 月下旬，洛林公爵勒内二

世从洛林公国及莱茵低地地区集结了一万到一万两千人，另外还雇用了瑞
士雇佣兵约一万人。1477 年 1 月上旬，救援南锡的大军开拔。好转的天气
让军队得以在 1 月 5 日早上抵达南锡。查理得知勒内二世组织的大军逼近
后，转而在南锡南方的一处防御据点整理部队。该处据点的背后为溪河交
汇后形成的沼泽，而左右两侧则生有茂密的树。由于地形影响，查理的部
队实际上位于该处溪谷的陡坡下方，因此他难以把握敌方的人数。

　　查理在六个月前的莫拉特战役中的损失导致其侦察队不足，因此敌方
动向他也完全不明。他将步兵与火枪兵组成方阵，把 30 门野战炮列于方
阵前正对前方。另一方面，勒内二世的联合军趁着大雪纷飞，进行了秘密
侦查，完全掌握了查理军队的部署情况，并制订了严密的作战计划。而与
此同时，查理仍完全不知道联合军已经完成进攻准备与计划，而自认为自
己的战略严密且布阵没有破绽。

　　在大约两个小时的行军后，勒内二世的主力部队成功迂回到勃艮第军
后方的山坡，并组成方阵出现。在联合军的角笛鸣起三次后，主力部队便
开始向山坡下方的勃艮第军展开突击。查理立刻下令炮兵轰击联合军的主
力部队，但由于主力部队位于山坡上，当时的火炮又是直射，根本起不到
什么效果。勃艮第军右翼的骑兵尝试击退联合军步兵，但因数量差距过大

∧ 油画《大胆查理的遗体被找到》

南锡洛兰博物馆藏。未知艺术家绘。大胆查理在南锡之战中被戕身亡，其中一个原因是他所招募的雇佣兵临阵倒戈，而导致了战局崩坏。随着大胆查理的去世，荷兰的勃艮第时代宣告结束。

反而败退，主力部队成功贯穿了勃艮第军的右翼。前卫部队则击退了勃艮第军的左翼，并歼灭了炮兵。此时勃艮第军完全被包围，而查理与其军官尝试重整部队决一死战，但没有成功，最后连他本人也不得不拔剑作战，最终战死。在查理战死后，周围的战斗仍然没有结束。也正因为如此，才导致其遗体在整整三天后被发现。这也是瓦卢瓦·勃艮第家族的终结。

关键词：查理五世 / 17 省

查理五世治下的尼德兰

■ 1516 年 ~ 1555 年

　　大胆查理于1477年去世之后，其领地被女儿玛丽继承，并随着与马克西米利安的联姻，将尼德兰带入了哈布斯堡王室的势力之下。在玛丽统治期间，总议会想趁此机会削弱玛丽的权力。于是总议会以帮助玛丽对抗法国之由，强迫玛丽签署"大特权"特许状。该特许状赋予总议会宣战的决定权和征税权等，还要求高层官僚只能由行省本地人担当，文件必须以当地语言写成。但是，当玛丽和马克西米利安之子英俊菲利普上台之后，这一切权力皆被收回。经过多次的联姻，尼德兰与哈布斯堡王朝、神圣罗马帝国和西班牙绑在了同一个人身上，他便是16世纪欧洲最强大的君王——查理五世。

超级君主的缔造

　　玛丽和马克西米利安的儿子菲利普于 1478 年出生。但是玛丽在 1482 年打猎时坠马身亡，于是马克西米利安成为幼子的摄政。1493 年，马克西米利安的父亲去世后，他成为神圣罗马帝国的皇帝。1494 年，14 岁的英俊菲利普获得了尼德兰的统治权。菲利普后因与西班牙的斐迪南二世之女胡安娜联姻，获得了继承西班牙王位的资格。1505 年，菲利普发生意外，

∧ 石版着色画《勃艮第的玛丽坠马身亡》

荷兰国立博物馆藏。据史料记载，1482年3月6日，玛丽在勃艮第的几个骑士的陪同下在布鲁日郊外打猎，她的马在跳过一条新开挖的水沟时，撞在了一个树桩上，马的腹带被挂断，玛丽被甩下了马，身受重伤，最终在3月27日去世，后来被埋葬在他父亲大胆查理的墓旁。

死于西班牙，胡安娜因此发疯，她就是历史上的疯子胡安娜。菲利普和胡安娜的儿子便是查理五世，此时年仅六岁的他便成了尼德兰的统治者。随后，他的外祖父斐迪南二世于1516年去世，他成为西班牙国王，三年之后他的祖父马克西米利安去世之后他又继承了祖父的王位，获得了哈布斯堡家族位于奥地利的产业。同年，他被加冕为神圣罗马帝国的皇帝。就这样，具有多重头衔的超级君主诞生了。尼德兰成为他广阔版图的一部分。

∧ 油画《马克西米利安戎装像》

维也纳艺术史博物馆藏。彼得·保罗·鲁本斯绘。马克西米利安被称为"最后的骑士"，既具有中世纪风范，又有文艺复兴君主的气质，是一位学者和诗人，是人文主义者和艺术家的保护人。

▲ 油画《查理五世肖像》

荷兰国立博物馆藏。扬·科内利兹·维纳梅绘。这幅作品里的查理五世头戴贝雷帽，身穿装衣。西班牙在查理五世统治时期，领土迅速扩张，尤其是在新大陆上的扩张。因此查理五世才发出举世闻名的豪言："在我的领土上，太阳永不落下。"

查理五世统治下的尼德兰

查理五世出生在根特，人们常常称他为根特的卡洛斯，在他心里，这里就是他的故乡。在他还是婴儿的时候，他就已经被加冕为勃艮第公爵。他生于根特，长于根特，说着一口流利的弗兰德斯语言，法语和德语也不在话下。相比起尼德兰，他在西班牙反倒显得像个外国人，不大受人欢迎。

查理五世对于尼德兰的统治做出了极大的贡献。在他继承尼德兰的时候，他的领地只有比利时的几个省，还有荷兰和泽兰。尼德兰北部的其他地方，都是他在统治期间征服得到的，可以说，是他统一了尼德兰。1548年，查理五世在奥格斯堡的国会上，划定了尼德兰17个行省，北部7个，南部10个。这17个行省组成了勃艮第联合体，并在第二年颁布诏书，规定这些地方只归查理五世一人所有。该诏书确认了查理五世的继承人将把尼德兰作为单一的实体来对待，不会分割给几个继承人，从而保证了尼德兰17省的领土完整。

查理五世作为一个明智的君主，在统治方面极具智慧。他将省议会和三级议会保留了下来，目的是让尼德兰人有适当的自治权。这对于热爱自由的尼德兰人来说，是极为重要的。

　　经济的繁荣是查理五世带给尼德兰最宝贵的礼物。他在地中海开辟的不仅仅是领土，还有市场。在他广阔的帝国内，尼德兰人有不受限制的贸易权，占有世界贸易的大部分份额，此时的贸易中心位于安特卫普。除了贸易，查理统治时期的农业、畜牧业、渔业等都很繁荣。

查理五世与宗教改革

　　查理五世登上德意志国王宝座的前两年，马丁·路德将《九十五条信纲》张贴在威登堡大学的门口，席卷整个欧洲的宗教改革轰轰烈烈地拉开了序幕。德意志经过斗争之后，《奥格斯堡宗教和约》最终确立了教随国定的原则。查理五世对于新教在尼德兰的传播忧心忡忡。

　　新教思想就像潮水一般向尼德兰涌来。在尼德兰这样一个商业社会，民主思想很容易找到知音。但是查理五世严防死守，就在马丁·路德的书刚刚出版的1521年，查理五世就在尼德兰颁布敕令禁止路德教，并将臭名昭著的宗教裁判所从西班牙搬到了尼德兰。两年后尼德兰宗教裁判所烧死了第一批殉教者。在尼德兰传播最广、最具影响力的是加尔文教。在北尼德兰，通过和英国的贸易，原来在英国隐藏下来的加尔文教徒开始跨过海峡到荷兰传教，在荷兰和泽兰，加尔文教也如燎原之火，熊熊燃烧。

< 1584年雕版印刷的《尼德兰地图》。

查理五世戎马一生，55岁便已头发花白，庞大帝国的沉重负担让他心力交瘁。1556年，他决定退位，将奥地利、匈牙利和德意志交给了自己的弟弟斐迪南，并让他继承神圣罗马帝国皇帝的称号。而将西班牙和尼德兰交给了自己的儿子菲利普二世。在查理五世的退位仪式上，他将儿子菲利普二世介绍给了尼德兰的贵族们。大概谁也没有想到，就在位新君的任内，尼德兰会爆发影响整个低地国家乃至世界历史发展的重要革命。

< 油画《查理五世退位的寓言》

荷兰国立博物馆藏。弗兰斯·弗兰肯绘。在疾病的折磨下，1556年，查理五世终于决定让位于他的弟弟斐迪南，让他担任神圣罗马帝国皇帝，让自己的儿子菲利普继承西班牙和尼德兰。在画面右侧的旗帜代表着查理五世统治的地域，前景的海神形象则预示着西班牙的海上霸主地位。

VISIBLE
HISTORY OF THE
WORLD

关键词：回到《圣经》/ 愚人颂

世界主义者——伊拉斯谟

▪ 1466 年 ~ 1536 年

　　1979~1985 年期间，有关和平主义、反军事主义、中立主义主题的辩论常常演变为街头游行，美国历史学家克拉尔称其为"荷兰病"。荷兰作为一个地理意义上的小国，却始终怀着广阔的胸怀，关心着国际事务，有人说荷兰人是国际理想主义者。荷兰之所以能拥有国际视野，与他们在几百年来受到人文主义、理想主义、和平主义甚至是国际主义的熏陶密不可分。而这种思想的起源便来自著名的人文主义者、世界主义者——伊拉斯谟。

伊拉斯谟其人

　　约 1466 年，伊拉斯谟出生于鹿特丹。由于是私生子，伊拉斯谟一直对他的身世讳莫如深。父亲去世之后，他被送到修道院接受教育，他在这里阅读了大量的古典文学作品，并爱上了写诗。1494 年，他被授予神职，之后还前往巴黎大学攻读神学博士学位。但是伊拉斯谟难以忍受大学枯燥的教学方法和无聊的管理体制，借着生病的借口逃离了学校。由此开始了他随性而自由的人生之旅。

　　伊拉斯谟四海为家，曾在荷兰、法国、英国、瑞士、意大利等地居住，完全成了一位国际主义者。在他的作品《和平的控诉》中，他写道："全世界是一个共同的祖国。""既然我们都统一在基督的名下，为什么还要用英国人、德国人、法国人这些荒谬的名称来使我们分裂？"他的观念与民族国家截然相反，所谓种族、阶级等都不在他的观念之中。

伊拉斯谟在世之时就已经受到了当时人的崇拜。宗教界的教皇、大主教和主教与世俗方面的君主、诸侯，无一不以得到伊拉斯谟的赠书为无上荣光。各阶层人士争相与伊拉斯谟通信往来，能获得一封伊拉斯谟的回信就可成为知名人物。有的人甚至称非他的书不读，非他的书不教。后世的人更是真正认识道伊拉斯谟思想的深邃和长远意义，在赞颂他时皆不惜笔墨。他被认为是现代思想的先驱和铺路人，法国的卢梭、德国的赫尔德、瑞士的斐斯泰洛齐以及英国和美国的思想家都受其影响。他对文艺复兴所做出的贡献可能超越了 15 世纪和 16 世纪之交的其他人贡献的总和。

伊拉斯谟的宗教观

伊拉斯谟的宗教观可以从一本名叫《基督徒士兵须知》的书中了解一二。传统的天主教讲究议事规程，要求人们承担教会的义务，并要求人们听从教会的命令，以此获得上帝的救赎。伊拉斯谟对此嗤之以鼻，他认为对基督教的信仰不需要通过外在的行为进行表现。"许多人常常计算自己每天听了多少弥撒曲，把这一习惯说成是非常重要的原则，好像他们不需要在其他方面感谢耶稣的教诲。一旦离开教堂，他们又回归了老习惯。"

伊拉斯谟号召基督徒回到《圣经》中，他希望每一个信徒都能认真阅读《圣经》，理解其中纯粹的、最本真的意义，要正确理解其中的一首赞美诗，加深对上帝和自己的认知，一边吸取其中的道德寓意和举止准则，而不是粗略、糊涂地读一遍又一遍。为此，他还将圣哲罗姆的《新约圣经》重新修订，加上了自己的注释，向社会进行推广，以便更多的人阅读《圣经》，从《圣经》中获得启示。

< 油画《伊拉斯谟肖像》

荷兰国立博物馆藏。昆滕·马斯基绘。伊拉斯谟的作品很多，而最重要的却非其创作的作品，而是他编的希腊文新约《圣经》。由于他为了抢在西班牙主教之前编出《圣经》，因此并没有做详细考据，只是把手上的希腊文手卷排出来，如有异文便选出最流畅的。而由于他找不到《启示录》的最后一部分，因此便用拉丁文武加大《圣经》倒译出来。此《圣经》后来被马丁·路德译为德文，成为宗教改革时期基督新教世界的第一本《圣经》。

伊拉斯谟的观点与宗教改革的领袖马丁·路德不谋而合，他们同样主张"因信称义"，但是方法却大相径庭。伊拉斯谟是忍让随和的，马丁·路德是狂热奔放的，如果说马丁·路德是革命派的话，伊拉斯谟无疑是改良派，他主张渐进改良。伊拉斯谟很清楚他和马丁·路德的区别，但是依旧积极在马丁·路德和教会之间进行调节，希望以和平的方式解决他们之间的矛盾。宗教改革之火并没有因为伊拉斯谟的温和而熄灭，反而势头越来越大，伊拉斯谟与马丁·路德最终站在了对立面上。1524 年，伊拉斯谟写出《论自由意志》，公然反对马丁·路德，马丁·路德则以《论意志的不自由》加以回应。马丁·路德甚至回信指责伊拉斯谟："显然上帝没有赋予你坚定不移的意志、不怕危险的精神和明辨是非的能力。"马丁·路德的攻击长达一年之久，最后又表示愿意与伊拉斯谟和解，不过伊拉斯谟冷漠地表示了拒绝。

总体来说，伊拉斯谟希望教徒回归《圣经》，摒弃教会繁杂仪式的宗教观点，虽然没有以他预想的和平方式实现，却随着马丁·路德激烈的宗教改革而普遍被人们接受，这对伊拉斯谟来说也算是一种慰藉吧，甚至后来有人在总结伊拉斯谟思想对宗教改革的影响时，做了这样形象的比喻："伊拉斯谟下蛋，马丁·路德和茨温利孵鸡。"

智者的《愚人颂》

伊拉斯谟是在从意大利翻越阿尔卑斯山返回英国之时，甚至在马背上

< 蚀刻画《伊拉斯谟接受真理之书》

荷兰国立博物馆藏。画面中，伊拉斯谟坐在书房里，天使给他带来了真理之书。在画面的右侧，即伊拉斯谟的作品《愚人颂》的插图：一个头戴兜帽，抱着小孩、手里拿着一只老鼠的男人正在领着一群人前行。

就开始构思自己的代表作《愚人颂》，他称写《愚人颂》是他的一种自娱方式。到达伦敦之后，他忍着肾结石的绞痛，只用了七天就完成了这部充满幽默和反讽的作品。

在《愚人颂》中，伊拉斯谟树立了两种截然相反的形象。愚人其实便是普通人，能说真话、实话，妙趣横生，有血肉、有情欲之人，是生动的人，活着的人；而贤人则是道貌岸然，恪守信条，总是一副绝对正确、绝对理性的神气，永远正言厉色，他们永远不会犯错，毫无人味。伊拉斯谟借着愚人之口说出了许多世间的真理。"唯有在其人生中有过愚蠢经历的人，才堪称为人。""如果没有愚蠢之举，社会交往和共同生活就不可能愉快，也不可能持久。如此，倘若人们不偶尔犯相同的错误，不偶尔相互恭维，他们就不能够共同生活；倘若他们不偶尔按照自己的感觉共做一些事情，不偶尔以甜蜜的愚蠢之举互相诋毁，他们就不能够共同生活。"

　　在《愚人颂》中，各色人等纷纷粉墨登场，但粉墨无论何等浓重，抹去粉墨，真相即能毕现。伊拉斯谟特意拣出在当时的社会舞台上的几个重要角色——一些伊拉斯谟十分鄙夷的"伪君子"——加以尽情讥讽和挖苦，法学家、经院哲学家、君王、诸侯乃至教皇皆一一登场。伊拉斯谟是典型的理想主义者，他怀着对基督教的虔诚批判教会，怀着对众生的怜悯讽刺世人，他最终期盼的是一个平等自由的乌托邦。然而，伊拉斯谟似乎对自己的这部作品评价并不高，认为不值得出版。讽刺的是，在他留下的十大卷著作里，却只有这部《愚人颂》成为真正的传世经典。

> 橡木雕伊拉斯谟像

荷兰国立博物馆藏。这副雕像在造型上和鹿特丹的伊拉斯谟像一模一样。伊拉斯谟站在正方形的底座上，左脚前伸。他头戴贝雷帽，身穿皮袍，双手捧着一本书正在阅读，一副典型的学者形象。

第二章

革命与战争

随着哈布斯堡王朝一分为二，尼德兰十七省归到了菲利普二世的统治下。尼德兰高度的经济发展对于菲利普二世来说简直是一块肥肉，然而菲利普二世没想到的是这块肥肉真不好下咽。一方面是荷兰独立意识开始觉醒，另一方面则是宗教改革的风云早已在尼德兰掀起狂潮。革命和战争成为这一时期的主旋律。经过八十年的浴血奋战，荷兰终于以完全独立的身姿屹立在欧洲，并且开创了历史上的黄金时代。

VISIBLE
HISTORY OF THE
WORLD

关键词：宗教改革／圣像破坏运动

宗教改革风云下的尼德兰

▪ 1556 年～ 1566 年

　　1556年，西班牙国王查理五世退位，其子菲利普二世获得了尼德兰十七省的统治权。和查理五世不同的是，菲利普奉行的极权主义令发酵多年的问题浮出了水面。尼德兰的贵族们反对被一个"远在别处的国王"统治。各种矛盾在尼德兰不断积累，加上宗教改革的推波助澜，尼德兰终于迎来了一个全新时期。

菲利普二世入主尼德兰

　　查理五世在位时，为了满足他的战争预算，荷兰省提供的资金比 30 年前多出 10 ～ 13 倍。荷兰的统治者们不是把查理五世当作盟友，而是视为一个谈判对象，必须从他那里榨取尽可能多的让步来换取对他的财政支持。在这方面，荷兰省的政治文化与北尼德兰其他地区的政治文化非常一致，可以说，对于尼德兰来说，与政府当局讨价还价争取地方和地区自治是极其重要的。由于为了支持战争而增加税收，尼德兰的政治局势愈发紧张，后又因宗教改革而进一步恶化。查理五世就是在这样的情况下退位的。

　　菲利普二世与他父亲查理五世的差距，是从身份认同上开始的。出生

∧ 油画《西班牙国王菲利普二世肖像》

西班牙普拉多国家博物馆藏。女性画家的先驱索芳妮斯贝·安古索拉绘。菲利普二世身穿黑色衣服，头戴高帽，胸前挂着金羊毛勋章，左手拿着一串念珠，暗指教皇格里高利十三世的念珠节。这个节日是在每年10月的第一个星期日，1571年的念珠节西班牙取得了一次胜利，因此菲利普二世特意手持念珠，以示纪念。

在根特的查理五世经常被人们看作是尼德兰人，他自己也视尼德兰为他的祖国。与父亲相反，菲利普二世出生于西班牙并在那里长大，因此他选择在西班牙度过一生中的大部分时光。尼德兰人从他即位开始便不信任他。他试图带着统治西班牙的绝对君主权力来统治尼德兰。

尼德兰的贵族和菲利普二世之间争论的焦点在于纳税的问题。由于菲利普二世一直在与法国进行战争，他需要税收维持战争，于是他希望在尼德兰建立起稳定的税收制度。但是这对于有自治传统、崇尚自由的尼德兰人来说是不可想象的，他们只希望在不同的时间提供不同额度的钱，不希望放弃手中的自主权。冲突的另一个焦点集中在宗教方面。自幼生长在西班牙的菲利普是一位狂热的天主教徒，他无法容忍新教在尼德兰的发展，于是派出了所谓的宗教警察，镇压所有的异教徒，许多非天主教徒都受到了迫害。

▼ 菲利普二世银币

荷兰国立博物馆藏。菲利普二世时期铸造。银币的正面是菲利普二世的半身像，背面是太阳神阿波罗驾车形象。

女总督玛格丽特

1559 年，西班牙和法国的战争结束，双方签订了和约。签订完和约的菲利普二世准备在西班牙的马德里定都，离开尼德兰再也不回来了。临走之前，他将在尼德兰的统治权交给了他同父异母的姐姐查理五世的女儿玛格丽特，于是玛格丽特成为哈布斯堡王朝在尼德兰的最高统治者。女总督熟悉尼德兰的习俗，也了解西班牙的政策，懂得如何运用权力，试图用灵活的手段来掌控局面。同时，她将各省总督的职位交给了当地的贵

^ 油画《荷兰女总督帕尔马的玛格丽特肖像》

未知艺术家绘。相较于菲利普二世的极权主义政策，当玛格丽特来到尼德兰的时候，她尽可能地和当地的贵族接触，甚至同意暂停宗教裁判所的活动。但是这一切并没有改变局面。

族，其中，荷兰、泽兰和乌德勒支交给了深得她父亲信任的奥兰治亲王威廉。此时她没想到，未来有一天会重金悬赏威廉的人头。

菲利普的离开并没有减少他对尼德兰的控制，他在女总督身边安排了顾问，他们在枢密院、财政院和政务院之上又安排了一个"咨询院"，实际上领导着政府，首脑是阿拉斯的主教格兰维尔。另外，与法国的战争已经结束，但菲利普的军队还没撤走，他留下军队准备随时镇压叛乱。宗教方面，菲利普二世还颁布了改组尼德兰天主教教区的敕令。菲利普二世正

∧ 油画《格兰维尔肖像》

荷兰国立博物馆藏。未知艺术家绘。格兰维尔在出任尼德兰咨议院院长的时候，与以奥兰治亲王为首的当地贵族矛盾重重，因此荷兰的历史学家纪尧姆·格龙·范·普利斯特雷尔称格兰维尔是"狡猾、残忍、低调的西班牙暴政追随者"。

是准备利用这些手段更方便地排斥异教，加强统治。

格兰维尔成为政府实际上的首脑，全面把控着尼德兰政府。面对逐渐恶化的局面，大贵族率先发难，因为他们看出如果再任由形势发展下去，尼德兰的命运将从属于西班牙的利益。奥兰治亲王、埃格蒙特和霍恩伯爵作为尼德兰的三大封建领主，共同联名上书，要求将格兰维尔召回，否则就集体从枢密院辞职。玛格丽特同样要求菲利普召回格兰维尔，菲利普迫于无奈于1564年召回了格兰维尔。在此之后，女总督试图同荷兰贵族一起维持和平局面。

圣像破坏运动

1566年，一些爵位较低的荷兰贵族达成一项协议，并结成"一致联盟"，共同对抗宗教法庭和限制宗教自由的敕令，威廉·奥兰治也在其中。威廉安排上层和下层贵族会面，他们提议向玛格丽特请愿。请愿书于1566年4月5日呈交了上去，在请愿书上签字的贵族有200多名。这次请愿取得了积极的成果，宗教迫害几乎完全停止，新教徒能公开地奉行他们的宗教信仰。但是新教徒的行为越公开，统治者便越担忧，女总督甚至开始召集军队。

8月10日，一场群众性的破坏运动终于在尼德兰爆发。在这场运动的狂潮中，圣像被捣毁，教会的财产则遭到掠夺。三周内超过400座尼德兰教堂遭到了无可挽回的破坏。迫于运动造成的压力，玛格丽特和"一致联盟"的领袖们达成和解。她承诺大赦，维持目前的宗教状况，但禁止新教进一步扩张。然而"一致联盟"内的贵族们发生了分歧，大部分上层贵族不愿为达成和解做出让步。

"一致联盟"因分歧而分崩离析。一些成员不接受玛格丽特禁止新教扩张的条件，因为他们意识到菲利普二世绝不会认同这一条约，更不会做出让步。于是他们决定在加尔文主义者中筹款征募军队，靠自己的实力来捍卫宗教自由。与此同时，菲利普的军队也正向尼德兰赶来，战争一触即发。

ᵛ 刻版彩印《1566年尼德兰贵族向玛格丽特递交请愿书》

荷兰国立博物馆藏。画面描绘了1566年尼德兰贵族向玛格丽特递交请愿书，请求取消宗教裁判所的事宜。请愿书中指出，如果宗教裁判所的迫害继续下去，那么武装起义的威胁就难以避免，但请愿书中并没有触及国王、政府和教会的权威。玛格丽特同意暂停宗教裁判所的活动，并将请愿书转交给菲利普二世。

VISIBLE
HISTORY OF THE
WORLD
关键词：奥兰治亲王威廉

荷兰国父"沉默者"威廉

▪ 1533 年 ~ 1584 年

　　荷兰人对橙色有着近乎狂热的崇拜，看看足球场上著名的橙色军团，也就是身披橙色战服的荷兰足球国家队便可见一斑。若说这种崇拜的起源，就不得不提到一个人——被称为"荷兰国父"的威廉·奥兰治。他的荷兰名字为Willem van Oranje，而Oranje就是荷兰语中橙子、橙色的意思。威廉是尼德兰资产阶级革命时的重要人物，荷兰的国歌《威廉颂》也是为他而作。

备受重用的年轻人

　　若从家族开始追溯，威廉的家族背景显赫，其先祖曾任神圣罗马帝国的皇帝。威廉出生于德国，年仅 11 岁时便承袭了堂哥的爵位，成为查理五世特许的奥兰治亲王，尽管那时，年幼的他还从来没有踏上过尼德兰的土地。从 1544 年起，他便跟随父命前往布鲁塞尔，在尼德兰的宫廷接受教育，在那里他迎娶了尼德兰大贵族之女，又获得了尼德兰的几处领地。常年的生活使得威廉对尼德兰的感情日渐深厚。

　　当时的尼德兰处于神圣罗马帝国的统治之下，而时任神圣罗马帝国皇帝的查理五世十分器重这个年轻人。当然，这也与这位奥兰治亲王在尼德

<油画《奥兰治亲王威廉肖像》

荷兰国立博物馆藏。阿德里安·托马斯绘。作为尼德兰本地贵族，威廉在荷兰起义中迅速成长为一位备受尊敬的领袖。他领导尼德兰人民奋起反抗西班牙统治，争取独立和自由，推行宗教自由，赢得了尼德兰人民的信赖。

兰备受拥戴有关。威廉曾在查理五世身边任侍从官，经常陪同他参加国务会议。他还在西班牙军中任职，多次领兵在边境与法军周旋，立下赫赫战功。查理五世退位之时，更是由威廉搀扶着出席了退位仪式。

查理退位之后由其子菲利普二世继任西班牙的国王并统治尼德兰。菲利普二世统治之时依旧十分器重威廉，还曾亲自授予他西班牙最高荣誉金羊毛勋章，使他成为最高级的金羊毛骑士团的骑士。但是菲利普二世在尼德兰的统治并不顺利，他在位期间尼德兰爆发了反抗西班牙的革命。威廉作为备受重用的重臣，毅然放弃官运亨通的机会，站在了尼德兰民族一边，为尼德兰的革命贡献力量。

沉默坚毅的革命者

　　1559 年，威廉代表西班牙赴法国进行谈判并签订了条约，而为了保证条约的实施，威廉作为人质留在了法国。在与法国国王亨利二世的接触中，威廉得知条约中有秘密条款——规定双方在镇压新教方面相互帮助。威廉得知此事后，连续两三天沉默不语。后来威廉以私事的名义前往布鲁塞尔，借机将此事告知了他的亲友。从此，他得名"沉默的威廉"。1566 年，"圣像破坏运动"的爆发引燃了尼德兰的革命之火。玛格丽特召开国务会议，要求威廉利用他的影响制止动乱，威廉出于国家大义，同意出面劝阻，但同时也要求西班牙方面实行宗教宽容的政策。

　　但随后，双方的矛盾愈演愈烈。天主教徒与新教徒之间矛盾激化，荷兰的贵族也开始分化，甚至有些重新归附西班牙国王，威廉只能在自己掌控的省份里稳定人心。血腥的阿瓦尔公爵的出现催化了尼德兰的革命，他在尼德兰境内大肆屠杀新教徒，引发了人们激烈的反抗。威廉和他的弟弟路易组织了两支军队向尼德兰进攻，可惜屡战屡败。阿瓦尔公爵甚至上奏国王称，尼德兰已经不堪一击。为了弥补财政亏空，阿瓦尔公爵开始向尼德兰征收十分之一的营业税，这对于商业高于一切的尼德兰人来说，无疑是促使他们革命的一剂催化剂。

> **威廉的橡木扶手椅**

荷兰国立博物馆藏。椅子由橡木制成，据说是奥兰治亲王威廉的遗物。椅子上面有椅帽，周边雕刻着天使图案和老鼠图案，扶手呈蜗形，椅背和椅帽连成一体，显得庄严厚重。

∧1581年奥兰治的威廉出任费勒领主时的银币

此时，曾经活跃于北海上的海盗站了出来，他们与威廉取得联系，攻占了小城布利尔。整个尼德兰都为他们的成功感到振奋。荷兰和泽兰两个省的议会重新拥戴威廉担任执政。此后，威廉率领的尼德兰人奋起反抗，最终逼得菲利普二世召回了阿瓦尔公爵。胜利似乎就在前方向尼德兰人招手。

尼德兰独立的奠基人

对于威廉来说，尼德兰若能和平统一是最好的结果，于是他便通过三级会议提出了宗教和平的建议，规定天主教与新教之间享有平等的权利。但是宗教宽容的政策对于当时的人来说还是太超前，双方都无法理解威廉的良苦用心，分歧依旧。新任总督法尔内塞正是利用尼德兰内部的宗教矛盾，采取了分化政策并取得成功。1579 年，北方新教地区成立了乌得勒支同盟。威廉并不赞同乌得勒支同盟，他最大的希望是 17 省的统一，摆脱西班牙成为独立的尼德兰。他顽强地抵抗着法尔内塞的进攻，菲利普二世此时已经对威廉恨之入骨，重金悬赏威廉的人头。最终，南方的混乱让威廉不得不放弃统一尼德兰的梦想。

1584 年，威廉的生命走向了悲剧的结局。一位 24 岁的狂热法国天主

∧ 彩印《奥兰治的威廉遇刺》

荷兰国立博物馆藏。1584年7月10日，威廉被伪装成新教徒的法国人巴尔塔扎尔·杰拉德刺杀，子弹打中了威廉的心脏，至今弹痕还留在遇刺地的墙壁上。至于威廉的遗言，除了正文提到的，还有一种说法是："我的上帝，我的上帝，可怜我这可怜的国家。"

教徒在发誓刺杀威廉 10 年之后，向威廉的胸膛开了两枪。51 岁的威廉踉跄了几步，说出了最后一句话："上帝，怜悯我的灵魂，怜悯这个不幸的人吧！"威廉被刺之后，荷兰议会举行特别会议，沉痛哀悼这位尼德兰革命的领导人，他们宣誓，将争取尼德兰的自由大业进行到底。

北方 7 省最终带着威廉的希望争取到了自由和独立。沉默者威廉无疑是荷兰历史上最重要的人物之一。他被认为是荷兰政治的奠基者，领导了荷兰军队抗击西班牙的统治，也是荷兰皇室的奠基人。为了感念威廉的功绩，人们在他的墓上竖立了纪念碑，上面写着："这里埋葬着国父威廉，他为尼德兰献出了自己的生命。"

VISIBLE
HISTORY OF THE
WORLD

关键词：血腥委员会／威廉入侵

荷兰起义的爆发

■ 1566 年 ～ 1572 年

  1566年8月10日，尼德兰爆发了圣像破坏运动。8月20日，运动波及安特卫普，接着其他城市也行动起来。面对来势汹汹的民众，当地的城市民兵拒绝向民众开枪。8月23日，"一致联盟"同玛格丽特和解后分崩离析。部分成员接受了玛格丽特的条件，其他成员意识到菲利普二世不可能承认这次和解，于是开始在加尔文主义者中筹款征募军队。其中图尔奈、瓦伦西亚成为重要据点，接着，阿姆斯特丹，安特卫普，斯海尔托亨博斯和马斯特里赫特也被加尔文主义者占据。荷兰起义和八十年战争的序幕就此徐徐拉开。

"铁公爵"和血腥委员会

  1566 年 9 月 17 日，占领瓦伦西亚的加尔文主义者拒绝西班牙政府军队进城，因此被认定为叛乱，尼德兰起义就此开始。12 月 6 日，西班牙政府军开始包围瓦伦西亚并攻城。12 月 27 日，试图援助瓦伦西亚的加尔文主义者和乞丐军（"一致同盟"中以武力反抗西班牙的成员自称乞丐军，这一名称在 1566 年给玛格丽特的初次请愿中曾多次出现。据说玛格丽特的内阁大臣曾对玛格丽特说：他们不过是乞丐（意指"一致同盟"）。因此"一致同盟"的军事成员并自称乞丐军以为荣誉的象征）在瓦特勒洛之战中被击溃。1567年1月，加尔文主义者的据点图尔奈被征服。此时，玛格丽特要求所有的荷兰贵族宣誓效忠，但是奥兰治、霍恩和雷德罗德的领主拒绝了这一要求。3月13日，扬·马尼克斯率领的乞丐军在安特卫普附近的奥斯特维尔之战中被击溃，一天后，安特卫普的骚乱被平息。3月24日，瓦伦西亚沦陷，尼德兰的起义被暂时平定下来。

而在尼德兰起义一开始的时候，西班牙国王菲利普二世就决定运用强硬手段镇压起义。1566年11月29日，菲利普二世任命有"铁公爵"之称的阿尔瓦公爵费尔南多·阿尔瓦雷斯·德·托莱多为荷兰总督，来镇压起义。阿尔瓦公爵在军事方面很受菲利普二世的信赖，曾参与过多次战役。1567年8月，阿尔瓦公爵率领一支由西班牙人和意大利人组成的军队来到布鲁塞尔。最初，阿尔瓦公爵只是担任问题解决者的角色，随着阿尔瓦公爵权力的不断扩大，玛格丽特感到自己在这里已经没有意义，因此便辞去摄政之位，回到了意大利。阿尔瓦公爵上任伊始，便开始执行菲利普二世交代给他的三项任务——惩治叛乱分子、确保荷兰人只信仰天主教、建立集中化政府。阿尔瓦公爵首先惩治了大批的圣像破坏者，并在一些教区推行天主教特伦特委员会的决议（特伦特委员会在当时可以说是反对宗教改革的中坚力量）。手握重兵的阿尔瓦公爵在捍卫天主教信仰和西班牙王权的过程中不遗余力，可以抓捕不论身份多尊贵的尼德兰公民，处决他们，并将他们的财产充公。同时设立了被称为"血色评议会"的特别法庭，这个"血色评议会"一成立，就迅速处决了170多人（1569）。在阿尔瓦公爵统治的五年时间里，约有8950名来自各行各业的尼德兰人被审讯，并被判处叛国罪、异端罪或者两者兼有。被传讯的人中还包括许多贵族，比如奥兰治的威廉、霍纳伯爵、埃格蒙德伯爵，威廉和他的弟弟拿骚的路易明智地逃往迪伦堡。

阿尔瓦公爵统治时期得尼德兰，哪怕最轻微的怀疑或者仇人的诽谤，都可能获罪，而"血色评议会"的判决只会是死刑和财产充公。短短五年时间，尼德兰被充公的财产高达 3 亿塔勒（当时的货币单位）。尼德兰的贸易和工业陷入停顿，成千上万的难民逃离此地。从 1572 到 1573 年，梅赫伦、聚特芬、纳尔登和哈勒姆的居民都曾遭到过西班牙军队的屠杀。

威廉第一次进军荷兰

当奥兰治的威廉和他的弟弟拿骚的路易逃到迪伦堡之后，就开始着手组建雇佣军，准备对荷兰进行突袭，并号召人们起来反抗以赶走西班牙人。他们的计划是在 1568 年夏多地联合行动反击西班牙人：在北方，拿骚的路易出兵格罗宁根和弗里斯兰；在南方，梅赫伦伯爵霍赫斯特拉滕出兵布拉班特；在西南，则出兵攻取阿蒂西亚。为了试试这个计划，威廉将自己的雇佣军分成了三部分。

首先开始行动的是北方，1568 年 4 月，维利耶斯·扬·凡·蒙蒂尼率领的 2300 名雇佣军进攻盖尔，与此同时，拿骚的路易和他的弟弟阿道夫进攻西弗里斯兰。4 月 23 日，鲁尔蒙德市久攻不下，蒙蒂尼带领的军队溃逃到达尔海姆和西班牙将军桑乔·阿

∧ 油画《阿尔瓦公爵肖像》

荷兰国立博物馆藏。威廉·凯伊绘制。这是一幅阿尔瓦公爵的胸像作品。阿尔瓦公爵身穿铠甲，脖子上挂着金羊毛勋章。在画像的上方有一行铭文："费尔南多·唐·德·阿尔瓦。"

∧ 油画《阿尔瓦公爵在荷兰的暴政寓言画》

荷兰国立博物馆藏。未知艺术家绘。这幅作品有残缺，左侧坐在宝座上的阿尔瓦公爵被裁去。宝座的周围是"血色评议会"的成员。画面的正中央是17个被以链锁住、拿着徽章的年轻女孩，代表着被奴役的尼德兰十七省，右侧是目瞪口呆的将军们和围观的人群。画面的背景是1568年5月阿尔瓦公爵处决布鲁塞尔的埃格蒙特和霍尔的场景。阿尔瓦公爵的倒行逆施，激起了尼德兰人民的反抗。

维拉的军队相遇，蒙蒂尼兵败被俘后押往布鲁塞尔被斩首。拿骚的路易兄弟在5月进攻格罗宁根，而威廉则在埃慕斯河口派兵配合他们的行动。但是路易由于兵力不足未能攻克格罗宁根，他试图围困该城也因兵力不足未

能实现，而阿尔瓦公爵的西班牙军队则切断了路易的后路。5月23日，路易被迫率军后撤以寻找战机，最终在海利格尔设伏战胜了西班牙军队，歼敌近2000人，而路易的弟弟阿道夫则在此战中丧生。这一战役是威廉第一次进军荷兰行动的第一场胜仗，但此战并未扭转战场局势。

而威廉本人率领的军队则试图直取列日、马斯和马斯特里赫特，然而在他们行动之前，阿尔瓦公爵的军队早已驻扎在马斯特里赫特的西部，严阵以待。加上盟友配合失当，威廉很快就陷入窘境之中，不得不率军退走。此时的阿尔瓦公爵则采用袭扰的策略不断削弱荷兰军队，最终威廉和他的兄弟路易、亨德里克不得不解散了雇佣军，仅有1200名骑兵和他们一起撤退到卢森堡法国边境，阿尔瓦公爵俨然成为荷兰真正的主人。而威廉失败的主要原因是并没有得到民众的广泛支持。

乞丐军起义和威廉的二次进军

在打败了奥兰治的威廉第一次进军荷兰之后，阿尔瓦公爵在荷兰的统治更是变本加厉。一方面借助"血色评议会"大肆镇压，另一方面则开始增加新的税收项目来为西班牙提供资金。于是一些新的税收政策如十便士、二十便士、百便士被推行，这些繁重的税收在荷兰引起的人们的不满。在军事上，阿尔瓦公爵虽然取得了陆地上的胜利，但是却面临着海上的侵袭。早在海利格尔之战的时候，乞丐海

∧ 刻有乞丐军铭文的玻璃盘

荷兰国立博物馆藏。制作时间是1573年至1579年间。盘为透明玻璃制成，深弧腹，高足外撇。在盘心位置刻有铭文，铭文的核心内容是六个好朋友的名字和他们的目标——将西班牙人赶出荷兰。这六个人中有四个人为贵族，但是他们都自称为"乞丐"，这是反抗西班牙暴政的荣誉象征。

军就已经初具规模，他们当时主要负责海上运输和劫掠物资。随着奥兰治的威廉败走之后，原本流散的乞丐军和乞丐海军逐渐聚集到威廉的旗下。由于荷兰和英国贸易往来密切，英国的许多港口都成了乞丐海军的藏身地，虽然阿尔瓦公爵曾派兵围剿乞丐海军，但是效果并不明显。

到了1572年，英国国王伊丽莎白一世为了改善和西班牙的关系，将乞丐海军从英格兰港口驱离。被驱离的乞丐海军的一支舰队在风力的作用下来到了荷兰海滨的小镇登布里尔，1572年4月1日，乞丐军攻克了登布里尔，标志着乞丐军起义正式爆发。当阿尔瓦公爵得知这个消息的时候，他并没有放在心上。然而接下来起义的迅速蔓延，已经超出了阿尔瓦公爵的控制。因此有人说："4月1日，阿尔瓦公爵失去了他的眼镜（即Den Briel）。"

在登布里尔被乞丐军占领之后的几个月里面，荷兰、泽兰的许多城市都参与到了起义之中。4月14日，威廉呼吁荷兰人民反抗阿尔瓦公爵的残暴统治，并任命他的弟弟路易为乞丐军的统帅，开始第二次进军荷兰。1572年5月底，乞丐军占领了瓦伦西亚和蒙斯。此后不久，除荷兰和泽兰的城市出米德尔堡、戈斯、阿姆斯特丹仍归阿尔瓦公爵所有外，其余的城市都站在了乞丐军旗下。西班牙军队在阿

^ 油画《奥兰治亲王四弟兄肖像》

荷兰国立博物馆藏。这幅作品由著名画家威布兰德·德·吉斯特绘制。在画像中坐着的
是年纪最长的威廉，在他的身边从左至右依次是亨德里克、阿道夫和路易。在他们的
身边放着一张桌子，上面有地图，似乎正在进行作战计划的讨论。四兄弟是威廉的左膀
右臂。

尔瓦公爵之子唐·弗雷德里克的率领下开始反攻，很快就攻占了梅赫伦和聚特芬。唐·弗雷德里克纵容军队烧杀抢掠，更是制造了惨绝人寰的纳尔登大屠杀，这座小城仅有 60 人活了下来。紧接着，阿尔瓦公爵父子集中兵力围攻哈勒姆。为解哈勒姆之围，威廉率领乞丐军封锁了阿姆斯特丹。

　　1572 年 7 月 19 日至 23 日，荷兰第一次自由会议在多德雷赫特的奥古斯丁修道院召开，在这次会议上，来自荷兰的贵族们讨论了起义的问题，明确表示他们并不反对西班牙皇帝而是针对阿尔瓦公爵的暴政，同时确认奥兰治的威廉为整个反抗西班牙的领导者。威廉的第二次入侵之所以取得成功，一方面是因为荷兰各地人民的响应，另一方面是因为当时的西班牙政府正在和奥斯曼帝国交战，来自奥斯曼的压力使得西班牙无法集中精力去镇压荷兰的起义。1573 年，阿尔瓦公爵灰溜溜地离开了尼德兰，尼德兰的起义开始进入了新阶段。

历史断面

拿骚的路易

　　拿骚的路易是奥兰治亲王威廉的同父异母弟，也是威廉的知己和秘书，从少年时候起就陪着威廉。在八十年战争期间，路易身先士卒，冲锋陷阵。曾参加早期海利格里战役和杰姆明根战役，尤其是后一场战役中路易大败而回，几乎是赤身裸体游过埃姆斯河才得以逃脱。随后，路易按照威廉的指令去了法国进行外交活动，并和法国的胡格诺派关系密切。后因胡格诺派失败而逃离法国。回国之后路易在乞丐军中任职，1572 年 1 月，路易率军守卫艾诺县的瓦朗谢纳，在阿尔瓦公爵的围攻下，路易寡不敌众，只能弃城而走。在 1574 年 4 月 14 日的穆凯尔海德之战中，路易和弟弟亨德里克双双阵亡，遗体始终没有找到。1891 年，为了纪念路易和亨德里克在荷兰独立中的功绩，荷兰政府在赫曼教堂树立了一座纪念碑。

VISIBLE
HISTORY OF THE
WORLD
关键词：莱顿围城／根特议和／乌得勒支联盟

荷兰共和国的诞生

- 1573 年~ 1588 年

1573年12月，阿尔瓦公爵离开了尼德兰，代替他的是路易斯·德·雷克森斯·伊·苏尼加。相对于阿尔瓦公爵，雷克森斯要克制得多，上任伊始，他就宣布除异端者外其余人等都予以赦免，废除"血色评议会"和阿尔瓦时期的额外税收。即便如此，雷克森斯依然无法调和天主教和新教之间的矛盾，在尼德兰实现和平。而此时的尼德兰，独立战争开始走向了白热化。

穆凯尔海德之战和莱顿围城

雷克森斯上任之后还面临着一个问题，那就是阿尔克马尔的围攻已经失败，而军队因为欠饷严重已多次哗变。此时，西班牙军队仍然包围着莱顿，解莱顿之围成了奥兰治的威廉的头等大事。1574 年 4 月，曾在蒙斯城下兵败的拿骚的路易卷土重来，率领着从德意志招募的 5500 名步兵和 2600 名骑兵，试图解救莱顿。4 月 13 日，路易的军队在穆凯尔海德和西班牙军队相遇，当时西班牙军队有 5000 名步兵和 800 名骑兵。虽然路易占据优势，但是他低估了西班牙军队的战斗力和当地地形带来的不利因素，两军激战一天，4 月 14 日，路易和他的弟弟亨德里克以及 3000 名士兵被杀。

穆凯尔海德之战后，奥兰治的威廉曾经告诫莱顿市议会，西班牙军队有可能增派重兵围攻已经被包围的莱顿，但是莱顿市议会并没有采取进一步行动，守护莱顿的只有城市民兵和一支志愿军，而且城内存粮严重不足。1574年5月25日至26日，西班牙军队在弗朗西斯科·德瓦尔德斯率领下将团团围住。西班牙军队对莱顿围而不攻，意欲采用饥饿战术让莱顿投降，在整个围城期间，1.8万名居民中有6000人死于饥饿和瘟疫。莱顿在市长范·德·韦尔夫的领导下坚守不降，韦尔夫甚至对饥饿的市民说："如果我死了，你们就可以把手放在我的身体上，把它切成碎片，要切得尽可能得多，尽可能得细。"在奥兰治的威廉的指挥下，荷兰人为了支援莱顿，不惜毁掉田地，掘开了更多的堤坝，直到莱顿城周围的水深足以行驶平底驳船。1574年10月，荷兰船队突破封锁，把补给运进了城。眼见围困无望的西班牙人被迫撤退。围攻莱顿城失败是西班牙在尼德兰事业的一个转折点，此后他们再没有获得像1569

< 莱顿市长范·德·韦尔夫的佩剑

荷兰国立博物馆藏。这把佩剑据说是韦尔夫市长在围城期间佩戴的，当时他为了安稳人心让饥饿的市民杀死自己的时候，就献出了这把剑。可以说这把剑是莱顿围城的见证。

∧ 油画《莱顿解围之后》

荷兰国立博物馆藏。奥托·范·维恩绘。画面展现了1574年10月3日莱顿之围被解，乞丐军的船只在为莱顿饥民分发鲱鱼和面包的情景。在画作的背面有一行题字："他们非常悲伤，因为没有食物，饥饿困扰着人们，可怕……上帝怜悯！"这幅作品如实反映了莱顿围城期间的恐怖场景。

年和 1572 年那样如此迫近全面胜利的形势，奥兰治亲王的事业已不可能单单靠武力予以镇压了。

根特议和和《永久法令》

即便在莱顿围城期间，欠饷问题始终困扰着西班牙军队。1576 年 3 月，尼德兰总督雷克森斯意外身亡，更让西班牙军队陷入混乱。9 月，西班牙军队因欠饷而哗变，哗变的军队从尼德兰北部掉头往南，大肆劫掠弗兰德斯和布拉特班，惊慌失措的两省开始和奥兰治的威廉联系，请求威廉来重建秩序。10月，双方在根特展开谈判，在相互交涉中双方并没有很快达成协议。此时一个突发事件改变了谈判的进程。11月4日，哗变的西班牙军队攻入安特卫普，在这场骚乱中8000多名安特卫普居民被杀，数千栋房屋被焚毁。安特卫普事件迅速激起了尼德兰人民的反抗，起义此起彼伏。11月8日，以奥兰治的威廉为代表的荷兰、泽兰及其他同盟为代表的一方与南方诸省（含乌得勒支，不含卢森堡）签署了《根特和平协定》。

▼油画《荷兰总督唐·胡安肖像》

西班牙皇家赤足修道院藏。阿隆索·桑切斯·科洛绘制。唐·胡安是查理五世的私生子，即便如此，他还是深受菲利普二世的信任，故而被委以尼德兰总督的重任。可惜天不假年，年仅31岁就因斑疹伤寒而去世。

协定达成了如下共识：一是恢复威廉在阿尔瓦公爵到达之前作为荷兰、泽兰、乌得勒支摄政王的身份，并待总议会予以确认；二是在总议会出台新得法律之前取消反异教敕令，并停止敕令的执行。三是释放被"血色评议会"关押的囚犯，返回被充公的财产。四是除了荷兰、泽兰早已禁止天主教活动之外的省份，禁止罗马天主教的任何活动。11月9日，西班牙人首先从根特被驱逐，接下来，安特卫普、布鲁塞尔、坎因霍温、格罗宁根、哈勒姆、马斯特里赫特、乌得勒支、瓦伦西亚等地的西班牙政府军按照新任荷兰总督唐·胡安的命令相继撤离。

1577年，唐·胡安开始和

∧《永久法令》纪念银币

尼德兰诸省代表进行谈判，并于2月17日签署了《永久法令》。《永久法令》的主要内容包括对《根特和平协定》予以肯定，各省份承认菲利普二世为国王，认可唐·胡安为总督。同时承诺尊重和维护天主教。而西班牙则承诺撤走除卢森堡之外的驻军。《永久法令》签署之后，菲利普二世便将步兵撤往意大利。但是这个法令并没有解决根本问题，唐·胡安一意孤行要求各个省份必须恢复天主教，针对这一举动，荷兰和泽兰率先抗议并退出了谈判，拒绝承认唐·胡安的总督权威。而且已经尝到了独立做主甜头的策略派不愿意放弃获得的权利，故而与唐·胡安处处为难。针对这种情况，唐·胡安说："他们害怕我，当我是狂徒；我讨厌他们，当他们是无赖。"7月，唐·胡安召回了派往意大利的西班牙军队，准备对北方各省下手。与此同时，帕尔马公爵亚力山大·法尔内塞被派往尼德兰镇压起义。不久，唐·胡安去世，法尔内塞继任尼德兰总督。法尔内塞在尼德兰充分展示了其军事才华和政治天分，一方面他在军事上对起义军予以沉重打击，另一方面则采取分化瓦解的策略，利用尼德兰南北省份之间的利害冲突，导致南北分裂。

从乌得勒支联盟到荷兰共和国

　　法尔内塞的分化手段首先在南方取得了效果，他先确保以天主教贵族为核心的南部省份的权力和自由，并做出各种承诺。接下来在 1579 年，法尔内塞又成功策反与北部分离的 10 个省成立信奉天主教的阿拉斯同盟，即现在比利时的前身。在这种情况下，北部 7 省也开始行动起来。1579 年，北部 7 省代表在乌得勒支大教堂签署了乌得勒支联盟成立条约，条约规定：联盟对外是一个统一运作的整体，对内各省具有自己的特权；联盟的军队统一成一体；在地区斗争中各省互相帮助一致行动；统一征税；城市驻军费用由联盟承担；荷兰和泽兰确立个人的宗教信仰自由，其他省份可以自由选择宗教和实行独立的宗教政策。1581 年，乌得勒支联盟宣布脱离西班牙，选举奥兰治的威廉为第一任执政，标志着荷兰联省共和国的成立。

西班牙国王菲利普二世对乌得勒支联盟的成立耿耿于怀，必欲置之死地而后快。

1584 年 7 月 10 日奥兰治的威廉遇刺身亡，这对联盟来说无疑是沉重的打击。而后，威廉之子 18 岁的拿骚的莫里斯继任荷兰执政。

1584 年 7 月，法尔内塞率领军队占领了安贝雷斯，英国决定出兵支援乌得勒支联盟，成为荷兰起义者们的保护者。英国充当保护者角色的时候，最具代表性的举动是英国对西班牙新大陆的入侵，使得菲利普二世面临新的威胁。在海上，荷兰和英国的私掠船切断了西班牙通往尼德兰的海上通道，并使战火扩大到西非和加勒比海。尽管拿骚的莫里斯被选为新的领袖，

∧ 乌得勒支联盟纪念铜币

∧ 油画《乌得勒支联盟》

荷兰国立博物馆藏。约瑟夫·丹尼斯·奥德瓦尔绘制。这幅作品描绘了1579年乌得勒支联盟条约签署之后，荷兰省的代表奥兰治的威廉持剑进行宣誓的场景。画面的左侧是各省代表和各省的旗帜，画面的右侧是威廉的士兵和旗帜。

但联盟三级会议想复活奥兰治的威廉的亲法政策，邀请法国国王亨利三世来治理。亨利三世觉得风险太大而婉拒。三级会议转而邀请英国国王伊丽莎白一世。伊丽莎白一世拒绝了乌得勒支联盟的统治权，但派来宠臣莱斯特伯爵和一小支军队来到荷兰。莱斯特一到荷兰，就违背伊丽莎白一世的意愿，接受总督的称号。

莱斯特想改革荷兰不完善的制度，整顿财政和海军。但是他的举措很快导致与荷兰省议会闹僵，在经过一系列的斗争之后，莱斯特黯然离去。莱斯特走后不久，三级会议决定放弃邀请外国君主成为荷兰之主的意愿，至此荷兰才走上了独立发展的道路。1588 年，在经过了几番折腾之后，荷兰共和国终于建立。

关键词：军事改革 / 纽波特战役

莫里斯和纽波特战役

▪ 1600 年

1588年，年轻的奥兰治亲王莫里斯在父亲威廉遇刺之后当选为荷兰省执政，后来陆续被选为泽兰、乌得勒支、上阿尔瑟和海兰德兰等省的执政。此后，莫里斯、腓特烈·亨利和约翰·范·奥尔登巴内菲尔特组成三人执政团，巩固了尼德兰北方各省的反西班牙力量，使之成为贸易和船运中心。

莫里斯的军事改革

莫里斯 1567 年出生在迪伦堡，他是由叔父拿骚的约翰一手带大的。早年和堂兄威廉·洛德维克一起在海德堡读书，后来又和长兄菲利普·威廉一起在莱顿学习。在莱顿学习期间，莫里斯得到了工程师、数学家西蒙·斯特芬的教导，在数学、弹道学和军事工程学上颇有造诣，这对他后来执政和进行军事改革打下了坚实的知识基础。

在莫里斯执政之初，荷兰的军队主要是雇佣军和来自苏格兰、英国、法国的志愿军，因此各省要付出大量的金钱才能保证这些军队在作战中发挥战斗力，而且这些雇佣军还存在短期解散和轮换不足的问题。因此莫里斯军事改革的第一步就是推行长期服役制度，并且定期给军队发饷，严格军纪，从而稳定了军心，增强了战斗力。

其次，莫里斯还对步兵队形进行了改革。相对于西班牙军队以团为战斗单位，莫里斯则将战斗单位缩小到连。连队的建制也从以往的150人缩编到80人，包括40名滑膛枪步兵和40名长矛兵。并且，莫里斯还将火枪兵的纵深行列减少到10列，战线加宽到最大宽度为250米。这样组成的战斗队形被称为"莫里斯横队"。"莫里斯横队"横排数只有5排，因此使得所有的士兵能一次把手中全部的兵器投向敌军。莫里斯改革后的战斗队形，火枪兵在长矛兵两翼，他们真正的位置与长矛兵的第四列或第五列平行。火枪兵在这个位置上，即使在近战中，仍能进行有效射击，杀伤敌人。莫里斯采取长矛兵居中而火枪兵位于两侧的战术，避免了兵员浪费现象，同时，不仅灵活性增强，而且士兵与士兵的配合比较默契，作战实效也成倍提高。莫里斯重视军队在战场上的机动性，尽量避免硬拼。

∧ 油画《奥兰治亲王莫里斯戎装肖像》

荷兰国立博物馆藏。米歇尔·简茨·范·米勒韦尔特绘制。画中的莫里斯身穿镀金的铠甲，装饰羽毛的头盔和一只手套放在桌上。这种风格的画像最初由提香设计，此后这类风格成为君主画像的一个典范。

^ 版画《荷兰共和国的
火枪兵》

荷兰国立博物馆藏。这
幅版画作品是16世纪
晚期荷兰士兵的典型形
象，他头戴铁盔，手持
火枪，正在关闭枪机，
腰间悬挂着长剑和火药
瓶，正是这样的士兵组
成的军队成了莫里斯驰
骋沙场的中坚力量。

他始终认为，他的军队最需要的是机动和攻城术。在攻城战中，他创造了许多新的战法，缩短了攻城所需要的时间。他之所以重视攻城术，是因为当时西班牙人占领了尼德兰许多城市，要夺取这些城市，军队必须掌握攻城术。

第三，莫里斯在军事改革的过程中，非常重视新武器的研究、地图的使用。毒气和炸弹在战场上开始使用，军用地图的绘制精准度越来越高，双筒望远镜成为侦察敌情的必备利器。这些做法都领先于同时代其他军事家。

第四，莫里斯的军队纪律严明，训练有素。他的军队在各种复杂地形条件下都可以迅速编队和进行队形变换。莫里斯的军训方法和操练方法，是军事史上传之最为久远的贡献。他的训练方法改变了军官教导队的职责，使部队训练方法正确，也给军队在平时和战时进行训练规定了任务。

莫里斯的军事改革，最终使荷兰军队成为当时欧洲最现代化的军队，有力地保证了新生共和国的茁壮成长，为莫里斯在执政的最初十年所向披靡奠定了基础。

莫里斯的十年

"十年"是指八十年战争期间从 1588 年至 1598 年的这段时间，这十年是莫里斯当政的辉煌时期。在战场上，荷兰军队节节胜利，从北部和东部都使得共和国的领土有所扩充。尤其是 1591 年至 1597 年期间，莫里斯凭借着高超的军事才能在当时的欧洲声名鹊起。

1588 年，莫里斯出任共和国的海陆军总司令。而此时英国海军和西班牙无敌舰队正在交战，当时的尼德兰总督法尔内塞在尼德兰组织了一支 2 万人的军队，准备渡海远征英国。随着无敌舰队的覆灭，法尔内塞的远征计划泡汤。1589 年，法尔内塞奉命调往法国，这对莫里斯来说绝对是天赐良机。而在这年年初，对于新生的共和国来说，形势依然严峻，一方面西班牙军队对于荷兰的威胁并没有解除，另一方面国内的叛乱时有发生。尤其是这年 5 月原本驻扎英国军队的海特勒伊登贝赫落到了西班牙人的手里，这对荷兰来说是一个严重的威胁。为了打破困局，莫里斯主动出击。1590 年，莫里斯发动了对布雷达的攻击。小城布雷达地势险要，易守难攻，但是莫里斯发现这座城市中运输泥炭的驳船并不受西班牙军队的检查，因此他命令士兵乔装打扮成泥炭驳船运输队，混进城中，里应外合拿下了布雷

> **银鎏金浮雕八十年战争战役盘和壶**

荷兰国立博物馆藏。这套银鎏金的餐具，以高浮雕的手法再现了八十年战争期间荷兰在同西班牙作战时取得的一系列胜利，其中最早的战役是 1573 年的阿尔克马尔之战，最晚的是 1603 年的直布罗陀海峡之战，而最主要的内容则是 1600 年由莫里斯指挥取胜的纽波特之战。

达。借着布雷达之战胜利的东风，莫里斯又迅速攻下了斯海尔托亨博斯、海德尔和奥斯特豪特。随着莫里斯势力的逐步壮大，军队的战斗力也越来越强。1591 年，莫里斯将目标对准了当年支援共和国的英国军队久攻不下的聚特芬，他依然采取里应外合的手段，仅用了 7 天就拿下该城。接着莫里斯的军队向北出发，仅用了 11 天就攻下了达文特。莫里斯的攻城战术效果显著，最终占领了奈梅亨。

接下来，莫里斯把目标对准了支持西班牙的荷兰北部的格罗宁根。从 1592 年开始，莫里斯又将目标对准了格罗宁根的外围城市，经过一系列战役，格罗宁根外围被扫清，格罗宁根城暴露在了莫里斯的枪口之下。1594 年 7 月，被围困两月之久的格罗宁根选择投降，至此，整个荷兰北部完全纳入了共和国之内。1594 年至 1596 年，随着北部诸省的稳固，莫里斯将目标转向了南方诸省。此时的莫里斯进一步深化军事改革，加强训练，军队日益强大。1597 年，共和国军队和

∧ 油画《莫里斯在纽波特战场上》

荷兰国立博物馆藏。鲍维尔·范·希勒加尔特绘制。这幅作品以宏大的笔触再现了纽波特之战的全貌。荷兰军队正在乘胜追击，西班牙军队则是节节败退。在画面的左下角是跨马指挥的奥兰治亲王莫里斯，画家将莫里斯放置在画面的一角，以高大的形象来展示他作为指挥官的身份。可以说，纽波特之战是莫里斯军事生涯中浓墨重彩的一笔。

西班牙军队在图霍特展开激战。莫里斯的 7000 人打败了 6000 西班牙军队。西班牙 2000 官兵战死，500 人被俘，而莫里斯的军队只有 100 人战死。莫里斯的军队取得了此次战役的重大胜利，这时的莫里斯也达到了十年的军事巅峰。

纽波特战役

随着共和国军队的迅猛进军，胜利一个接一个的到来。1600 年，两个关系着共和国海上贸易发展的港口进入了共和国的眼中，一个是现在法国的敦刻尔克，另一个是伊瑟河入海口的纽波特。然而这两个港口都被西班

∧ 油画《莫里斯在纽波特战场上》

荷兰国立博物馆藏。鲍维尔·范·希勒加尔特绘制。这幅作品中画家重点刻画了莫里斯的形象，而整个纽波特战场则是作为背景予以展示。

牙人控制着，西班牙人凭借这两个港口，经常对荷兰的航运进行封锁和破坏，可以说敦刻尔克和纽波特一时之间成了荷兰的眼中钉、肉中刺。

因此，共和国对于夺取这两个港口开始进行商议，三人执政团之一的奥尔登巴内菲尔特力主夺取这两个港口，而莫里斯却反对这一提议，认为这样做风险太大。然而，奥尔登巴内菲尔特执意要进行作战，莫里斯没有固执己见，依然执行了共和国的决策，率兵前往征服弗兰德斯沿海地带，目标直指敦刻尔克和纽波特。莫里斯率领的军队包括 1.3 万名步兵、3000 名骑兵，还有 1300 艘战船的舰队，著名将领有拿骚的威廉·路易斯、路易斯·冈瑟和莫里斯同母异父的弟弟弗雷德里克·亨德里克。

1600 年 6 月 21 日，莫里斯带兵渡过伊瑟河，准备于 7 月 1 日围攻纽波特。7 月 2 日，尼德兰新任总督阿尔布雷希特七世大公带领西班牙军队赶往纽波特。莫里斯得知这一消息后，急忙派遣了一支小部队去占领西班牙军队必经之路上的莱芬盖桥梁，以阻击西班牙军队。可惜当时西班牙军队已经占领了桥梁，并消灭了这支荷兰军队。为了稳定军心，莫里斯将战败的消息封锁起来。上午，荷兰军队涉水渡过伊瑟河，快速向纽波特东北方向推进。中午，荷兰军队和西班牙军队在海滩上相遇。荷兰海军战舰用远射程炮轰击西班牙军队，但效果不大。随着海水涨潮，双方的战场不断向内陆移动。

西班牙军队在击退荷兰骑兵的冲锋后，阿尔布雷希特指挥他的预备部队发起冲锋，面对气势汹汹的西班牙军队，荷兰军队被迫后撤。危难之际，莫里斯也下令预备队出击，在猛烈炮火的支援下，击溃了西班牙军队。接下来，荷兰军队乘胜反击，全面反攻，西班牙军队难以抵挡荷兰军队的攻势，四处逃散。荷兰军队虽然取得了这场战役的胜利，但后方运输线仍受到西班牙军队的威胁，不得不放弃攻占纽波特的计划。

纽波特之战是八十年战争中颇具特色的战役，它一则是一场艰巨的攻坚战，另一个特点是决定战役胜负的不是骑兵而是步兵。尽管荷兰取得了胜利，但就整个战局而言则是一场惨败，此战导致荷兰共和国在南部的进展戛然而止。在这场战役中，莫里斯依靠高超的军事指挥才能，让荷兰军队得以全身而退，而他和奥尔登巴内菲尔特自此开始分道扬镳。

∧ 纽波特战役银质纪念币

关键词：休战／尖锐决议

休战十二年

▪ 1609 年 ~ 1621 年

　　在纽波特之战后，荷兰共和国在弗兰德斯地区仅仅剩下了一个据点奥斯塔德。西班牙为了攻占奥斯塔德，耗时三年零三个月，打了一场八十年战争期间伤亡人数最多、持续时间最长的一场战役，才将奥斯塔德拿下。而莫里斯对奥斯塔德并不重视，在西班牙将精力放在奥斯塔德之时，莫里斯则在其他地区攻城略地，巩固新生的荷兰共和国。在海上，直布罗陀海峡一战，荷兰海军大获全胜。经过这两场战役，西班牙已经筋疲力尽，不得不坐在谈判桌前；而荷兰共和国对于持久的战争也产生了厌战情绪，于是就有了十二年的休战期。

休战协议的签订

　　在 1606 年的时候，对立双方就开始有了互相接触的举动。1607 年 3 月，方济会教士扬·内耶成了双方接触的联系人。内耶本来是新教徒，后来皈依天主教并加入了方济会。内耶本来和莫里斯有交情，他借口去荷兰探望母亲，来回奔走于布鲁塞尔和海牙之间，传递消息。荷兰共和国的条件是要求西班牙首先承认其独立性，对于这个条件，尼德兰总督阿尔布雷希特予以认可。

∧ 版画《扬·内耶神父传递和谈信息》

荷兰国立博物馆藏。画面再现了1607年5月作为中间人的扬·内耶神父来到海牙，同莫里斯和奥尔登巴内菲尔特进行交谈，从画面中人物的神情可以看出他们对待谈判的态度。

　　1607年4月12日，荷兰和西班牙双方同意停火，停火有效期为8个月，于5月4日正式生效。即便如此，西班牙国王菲利普三世依然不同意，尤其是阿尔布雷希特做出的承认荷兰独立这样的承诺更让菲利普三世感到震惊。由于西班牙在财政上的绝望局面，菲利普三世最终同意停火。此后停火期限多次延长，休战谈判才得以实现。

　　1608年2月7日，双方在荷兰海牙的宾内堆夫大厦正式举行谈判。由于莫里斯拒绝参加谈判，荷兰大议长奥尔登巴内菲尔特于是就成了荷兰的首席谈判代表。西班牙国王没有派出代表，谈判由安布罗尼奥·斯宾诺拉主导，参与者有布鲁塞尔枢密院院长让·理查德、阿尔布雷希特的战争部长胡安·德·曼茨道尔、布鲁塞尔国务卿路易斯·维尔

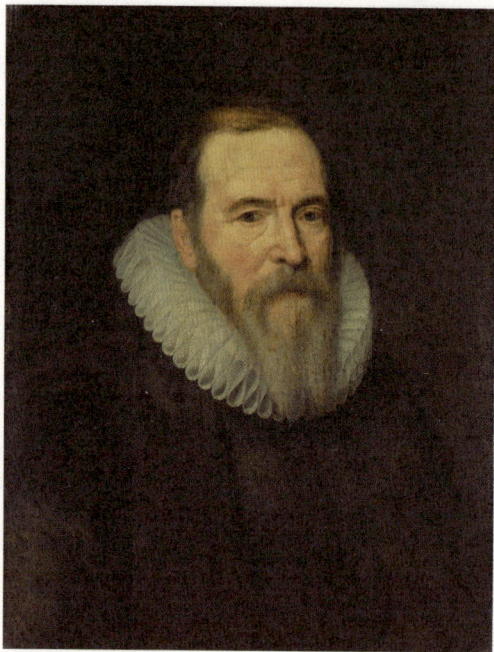

^ 油画《约翰·范·奥尔登巴内菲尔特肖像》

荷兰国立博物馆藏。米歇尔·扬茨·范·米勒韦尔特绘制。这是一幅奥尔登巴内菲尔特的胸像。作为荷兰的三执政之一，奥尔登巴内菲尔特在荷兰独立过程中居功甚伟，尤其在内政方面贡献很大。

雷肯。此外，法国、英国、丹麦王国、勃兰登堡和科隆选帝侯也派出了代表，在会谈期间，只有英国和法国代表坚持到了会谈结束。会谈持续到 8 月 25 日，依然没有达成和平协议，双方在殖民地贸易和宗教问题上毫不妥协，不欢而散。会谈期间，为了保护西班牙的利益，西班牙代表要求荷兰停止在赤道以南的所有海上贸易，这样的要求是荷兰人所不能答应的，并且荷兰也同样拒绝了西班牙提出的天主教在共和国的传教问题，认为这是对共和国宗教自由和内政的干涉。最后在英法两国代表的调解下，双方同意搁置分歧，先长期休战。休战期限设定为 12 年。

1609 年 3 月 28 日，谈判在安特卫普的市政厅正式恢复。4 月 9 日，双方代表签署了停战协定。然而协定的批准程序颇费周折，在荷兰，阿姆斯特丹、代尔夫特等城市认为停战会影响其贸易活动，泽兰等省则因为协定的签订会使其收入减少，且坚持封锁斯海尔德河。西班牙国王菲利普三世对于协定的批准也是一拖再拖，直到 1609 年 7 月 7 日才正式批准。

停战协定的主要内容包括哈布斯堡王朝同意在休战期间将联合省视为独立国家，但在行文表述上却闪烁其词。在停战的十二年之内，双方自协定签署之日起在所控制的范围内行使主权，双方军队不得在对方领土上行动，释放战争期间扣押的人质，停止海上的劫掠活动。恢复正常贸易活动，无论哪一方的商人和海员都应得到对方的保护，英国商人和海员也享有此种权益。任何一方的居民不会因为宗教信仰而被起诉，其他犯罪行为除外。荷兰同意结束对弗兰芒海岸的封锁，但拒绝允许在斯海尔德河上自由航行。

休战期荷兰共和国的经济发展

休战对于荷兰来说，最直接的好处是作为主权国家得到了欧洲国家的承认。为了纪念对荷兰独立的承认，奥尔登巴内菲尔特专门设计了新的荷兰共和国徽章。休战后不久，荷兰就在巴黎和伦敦获得了全面的大使级地位，并且与威尼斯、摩洛哥和奥斯曼帝国建立了外交关系，并在许多主要港口设立了领事馆。1609 年，法国和英国签署了一项条约，以保障荷兰共和国的独立。为了保护荷兰在波罗的海的利益，1614 年，荷兰和汉萨同盟签署了一项防御协议，旨在保护自己免受丹麦人的侵略。

休战之后，荷兰的殖民扩张进一步展开，荷兰东印度公司在印度尼西亚的索洛岛上建立了据点，并在印度尼西亚上有了立足之地。在新大陆，荷兰共和国进一步鼓励殖民。这一时期的荷兰海军和商业船队迅速扩张，特别是在地中海更是一帆风顺。虽然荷兰和美洲的贸易禁运已经结束，但是美洲的西班牙殖民者却自行颁布非正式的禁令，限制了荷兰与加拉加斯、亚马孙的贸易。当荷兰解除了对安特卫普、弗兰芒海岸的封锁后，弗兰芒的纺织业得到了迅猛发展。在荷兰，由于海外贸易的繁荣，代尔夫特成为酿酒业的中心，莱顿、高达成为纺织业的生产中心。

休战期荷兰共和国的政治斗争

在休战期间，荷兰共和国出现了两个对立的宗教派别——抗辩派和反抗辩派，这两个派别既有宗教上的分歧，又有政治上的分歧。抗辩派的代

∧ 油画《钓取灵魂：十二年休战的宗教斗争》

荷兰国立博物馆藏。阿德里安·彼得兹·凡·德·范尼绘。这是一幅政治讽刺意味很浓的画作。画面左侧是荷兰北部的新教徒，画面右侧是信奉天主教的南方省的代表，双方都在河里钓取灵魂，明显新教徒的收获更多。这是十二年休战期间各方矛盾的集中展现。

表人物是神学家雅各布斯·阿米纽斯，反抗辩派的代表是神学家弗朗西斯科·戈马鲁斯。阿米纽斯秉持的不那么严格的观点吸引了荷兰省的富商，并且在富商们主导的省份深受欢迎，其主要支持者是三执政之一的奥尔登巴内菲尔特和法学家格劳秀斯。

戈马鲁斯则是一个严格的加尔文主义者，他的主要支持者是工人阶层和南荷兰的流亡者。两派的对立在共和国各省蔓延开来，从而影响了各省的政治格局。1617 年 9 月 23 日，莫里斯公开支持反抗辩派。莫里斯对于休战有着复杂的情绪，他反对休战中的一些措施，希望荷兰共和国完全独立。两派的对峙和冲突逐渐进入白热化阶段。1617 年 8 月 4 日，在奥尔登巴内菲尔特的倡议下，荷兰通过了"尖锐决议"，决议指出：每个城市都允许有自己的民兵；禁止城市公民向最高法院和荷兰法院提起诉讼；每个城市或国家官员都有负责维护公共秩序的职责；荷兰军队有义务服从他们驻扎地各省或城市议会的命令。尤其是最后一条，直接挑战了身为海陆军总司令的莫里斯的权威。

针对"尖锐决议"，莫里斯迅速行动起来，并且获得了多个省的支持。1618 年 8 月 29 日，莫里斯以叛国罪的名义逮捕了奥尔登巴内菲尔特和抗辩派的主要领导人。随后组成了 24 人的特别政治法庭对奥尔登巴内菲尔特等人进行审讯。1619 年 5 月 12 日，奥尔登巴内菲尔特以叛国罪被判处死刑。原本奥尔登巴内菲尔特以为他的政治盟友和追随者会以自己年迈为由对死刑提出抗议，但是他们都保持了沉默。虽然法国曾对这个判决提出异议，但并没有改变任何事情。1619 年 5 月 13 日，奥尔登巴内菲尔特在海牙被斩首，临刑之前他留下了这样的遗言："人民，不相信我是一个叛徒。我之所以会死，是因为我是一个诚实的、虔诚的爱国主义者。"随着奥尔登巴内菲尔特的死亡，荷兰共和国进入了一个全新时期，荷兰和西班牙最后的斗争开始了。

∧ 油画《奥尔登巴内菲尔特临终祷告》

荷兰国立博物馆藏。西蒙·奥波罗梅绘制。作品再现了奥尔登巴内菲尔特在临刑前做最后一次祷告的情景。作为一个72岁的老人，他怎么也没想到自己的生命会以这种方式宣告结束。虽然莫里斯在这场斗争中取得了胜利，但是处决奥尔登巴内菲尔特却沉重打击了莫里斯的声望，招致了大量的批评，甚至莫里斯的继母都反对处决这位政治家。

VISIBLE
HISTORY OF THE
WORLD

关键词：三十年战争／明斯特和谈

八十年战争的终结

■ 1621 年 ~ 1648 年

　　奥尔登巴内菲尔特当政的时候，并没有野心让荷兰成为当时欧洲新教的领导力量，这也是他接受十二年休战的重要原因。随着奥尔登巴内菲尔特被以叛国罪处决，莫里斯完全掌握了荷兰政局，对于休战本来意见颇多的莫里斯终于可以腾出手来继续武装斗争。欧洲三十年战争的爆发，终于为莫里斯提供了一个动手的机会。

积极参与三十年战争

　　1618 年 5 月 23 日，布拉格新教徒发动起义，制造了"抛出窗外事件"，并成立临时政府，宣布波希米亚独立。此后，波希米亚议会选出信奉新教的普法尔茨选帝侯腓特烈五世为波希米亚国王。波希米亚到处活动，寻求支持，在新教方面，荷兰共和国积极予以支持。虽然英国对莫里斯支持波希米亚曾经提出过警告，限制莫里斯过多地参与到这场战争中，但是莫里斯还是为波希米亚提供了大量的金钱和武器。可以说，荷兰共和国在推动三十年战争中发挥了重要作用。

　　单纯说莫里斯希望重新开战并不准确，他只是想通过战争将荷兰共和

∧ 油画《战场上的荷兰骑兵》

荷兰国立博物馆藏。未知艺术家绘制。这幅作品反映的是三十年战争期间荷兰军队冲锋的场景，排列整齐的骑兵正在向敌方的步兵发起进攻。

国的地位进一步巩固。虽然针对奥尔登巴内菲尔特的政变在莫里斯看来是挽救了共和国的分裂，但同时也埋下了不稳定的种子。为了共和国的稳定，莫里斯不得不派重兵驻屯在支持奥尔登巴内菲尔特的省份和城市，以防出现内乱。西班牙政府也看到了荷兰的内部状况，因此在波希米亚问题上更为积极主动。因此，波希米亚战争很快就演化成了西班牙和荷兰之间的代理战争。如1620年的白山战役，新教徒的军队损失惨重，而这支军队中有八分之一的人是荷兰雇佣军。不仅如此，当英国国王詹姆士一世介入三十年战争的时候，莫里斯就积极主动地帮助英国运输士兵和武器，并派出骑兵沿路护送。然而这一切都是徒劳，白山之战后，波希米亚国王腓特烈五世逃到了荷兰海牙，莫里斯希望波希米亚与西班牙对抗的希望破灭了。

1620年至1621年之间，莫里斯也曾和西班牙的布鲁塞尔政府就延长休战期进行过持续接触。此时，已经病入膏肓的哈布斯堡荷兰总督阿尔布雷希特依然希望续约得以完成，因此对于继续谈判投入了很大精力。续约的分歧在于，荷兰希望在续约中能够得到更多的实惠，而西班牙则要求荷兰人撤出东印度群岛和西印度群岛，取消对安特卫普的封锁，容许天主教在荷兰共和国内自由传教。莫里斯自然不能接受这样的条件，续约问题不了了之。

西班牙发动经济战

战争并没有因为休战终止而恢复，一个重要的原因是西班牙国王菲利普三世突然去世了，即位的是年仅 16 岁的菲利普四世，皇权交替引发的不稳定还需要时间来沉淀。在当时，西班牙政府对于休战的观点是，从经济层面来说，休战对西班牙的影响是毁灭性的。原因一方面是休战让西班牙和荷兰之间的贸易演变成西班牙的贸易逆差，大量的西班牙白银流入荷兰。另一方面是荷兰对安特卫普的持续封锁（主要是对斯海尔德河的封锁）让这座城市的重要性持续下降。再者休战为荷兰提供了稳定的发展机会，大量的财富促使荷兰海军规模不断扩大。这一切都不是西班牙所希望看到的。

1621 年，西班牙布鲁塞尔政府派往海牙的续约谈判代表佩特鲁斯·佩基乌斯在谈判席上说，西班牙和布鲁塞尔政权的目的不是开启针对共和国的战争。这背后隐藏的是西班牙的战略考量，其方案一是用有限的武装力量以就近原则夺取荷兰的一些战略要点，结合经济战的手段；二是完全依靠经济战。1621 年 4 月，休战期满之后，西班牙就立即开始实施方案一，首先命令所有的荷兰船只离开西班牙港口，实行严格的禁运。接着在弗兰德斯地区积蓄力量，西班牙弗兰德斯军队总司令斯宾诺拉开始针对荷兰发动进攻。1622 年，经过 5 个月的围攻，斯宾诺拉占领了自 1614 年以来荷兰人驻守的于利希，接着又占领了布拉班特的斯滕贝根，并向周边开始进

∧ 油画《布雷达投降》

西班牙普拉多博物馆藏。委拉斯凯兹绘制。这是委拉斯凯兹以西班牙国王菲利普四世唯一的一次军事胜利为背景创作的。画家把画面分为两部分：一边为胜利者，一边为战败者。挺立的长矛构成全画的支撑点，长矛的垂直韵律，在画的右边更为鲜明突出。前景中，荷兰布雷达市长把一串城钥交给代表西班牙军的斯宾诺拉侯爵；胜利者（右）——高大雄壮的战马、威严的军队和整齐的长枪，与战败者（左）——疏落的旗帜、长枪形成鲜明的对比。

军。1622 年 7 月 18 日，斯宾诺拉开始率军围攻荷兰城市贝亨欧普佐姆，但这次围攻西班牙付出了高昂代价，1.8 万名士兵因为疾病而丧失战斗力，三个月后斯宾诺拉不得不解除了对该城的包围。经过这一仗，西班牙政府认识到围攻壁垒森严的荷兰城市纯粹是浪费时间和金钱，故而决定此后完全依靠经济战。即便斯宾诺拉取得了布雷达围攻战的胜利，西班牙也没有改变经济战的策略，反而在军事上采取了防御姿态。

∧ 版画《在北海捕捞鲱鱼的荷兰船只》

　　随着经济战的规模不断扩大，荷兰的压力骤然增大。在海上西班牙海军开始不断骚扰荷兰商船，荷兰商船要通过直布罗陀海峡前往意大利和黎凡特，只能依靠海军保驾护航，而海军的护航费用则需要商人以缴纳特殊税的形式承担。商人的支出越来越高，因此他们的海上贸易的竞争力逐渐降低。西班牙海军在荷兰水域开始频繁活动，虽然其力量不足以挑战荷兰海军的优势，但是对荷兰的鲱鱼捕捞业产生了严重影响。

经济封锁下的荷兰

　　鲱鱼贸易对于荷兰来说是经济的重要支柱，一旦受损后果不堪设想。而且保存鲱鱼需要大量的食盐，荷兰人习惯从葡萄牙和加勒比岛屿采购食盐，替代品只能用法国的，但法国食盐的含镁量高，不适合鲱鱼的保存。因此西班牙又颁布了食盐禁令，切断了西班牙势力范围内对荷兰食盐的出口。针对禁运，荷兰人转而依靠汉萨同盟和英国船只进行运输。禁运也沉重打击了西班牙商人，甚至在一段时内因荷兰粮食贸易的切断严重影响了意大利那不勒斯的粮食供应。意识到这种严重性后，1624 年，西班牙设立了北方国家海军部，主要执行对中立国货物和荷兰货物的检查，对中立国货物发放证书以免其被西班牙港口没收，故此英国和汉萨同盟的商船得以顺利进行交易。禁运对荷兰的影响不仅是阿姆斯特丹与西班牙领土贸易中断，更间接影响了荷兰与波罗的海的贸易活动。当然，经济战是一把双刃剑，禁运也让西班牙和葡萄牙的出口活动严重萎缩。1625 年之后，西班牙对荷兰内陆的商业运输给予了封锁，荷兰列日和德国的过境贸易被限制，荷兰生产的黄油和奶酪价格崩溃，葡萄酒和鲱鱼价格上涨。可以说，西班牙的经济战措施是很有效的，严重影响了荷兰的经济，从而使荷兰在财政上无法拿出更多的战争资金。经济战也改变了当时欧洲的贸易格局，受益最大的是中立国。尽管如此，荷兰的经济并没有完全陷入瘫痪，一个重要的原因是联合东印度公司和荷兰西印度公司在这一时期发展迅速，弥补了因经济战带来的经济困难。

而荷兰内部在经历了 1618 年政变之后，莫里斯掌握了政府的一切权力，尤其是政变后几年，他紧紧抓着荷兰的政治和外交。莫里斯在这段时间内事必躬亲。但随着他身体状况的不断恶化，政府的运转也开始出现问题。在 1622 年的时候，荷兰的常备军仅有 4.8 万人，而此时西班牙弗兰德斯的驻军达到了 6 万人，周边环境也不容忽视，国内士气低落。1625年 4 月，年仅 58 岁的莫里斯去世，其海陆军总司令一职由弟弟弗雷德里克·亨德里克继承，弗雷德里克·亨德里克的任命花了几个月才被通过。在此期间，温和的加尔文主义者重返

> 油画《弗雷德里克·亨德里克肖像》

^ 银制塔式香料罐

荷兰国立博物馆藏。这个香料罐是亨德里克奖励斯海尔托亨博斯围攻战中率先登城的卡特·詹森少尉的，除了这个银塔，詹森少尉还获得了500银币。

荷兰政治舞台，与激进派分庭抗礼。亨德里克采取了超脱于政党的立场，荷兰国内的政治气氛开始变得宽容。

这种政治格局的出现，有助于让荷兰渡过经济战阶段最困难的岁月。自1625年布雷达沦陷之后西班牙暂停了军事进攻，来自军事上的压力明显减小。随着经济状况的改善，荷兰的常备军数量开始稳步上升。荷兰的军事行动首先从佛里斯兰省、格罗宁根和新荷兰省督恩斯特·卡西米尔夺回奥登次奥开始，迫使西班牙从艾瑟尔省撤离。1627年，弗雷德里克·亨德里克率军夺取了格罗尔，清除了荷兰东部的西班牙人。1628年，在马坦萨斯湾海战中，荷兰海军缴获了西班牙宝藏船队，更抢走了西班牙人急需的资金，有力地改善了经济状况。军事实力进一步提升。

荷兰主动出击

由于三十年战争的缘故，西班牙在弗兰德斯的驻军不断减少，而此时的荷兰常备军则不断增多。1629年4月，弗雷德里克·亨德里克组织了一支2.8万人的机动军队（其余军队被用于共和国的固定屯驻），包围了斯海尔托亨博斯。斯海尔托亨博斯被围之后，西班牙及其盟友从德国境内开始进军荷兰，这支军队直入荷兰腹地，一直攻到阿默斯福特市。为了阻击

> 17世纪荷兰使用的燧
发枪

荷兰国立博物馆藏。燧发
枪是由法国枪炮工匠马汉
于1547年发明的，在燧
发枪发明之后，很快就成
为欧洲国家军队的普遍装
备。在八十年战争期间，
荷兰军队就曾大量使用
燧发枪，这就是其中的
一支。

西班牙军队，荷兰在国内迅速动员组织民兵，并从各地召集驻屯部队，组织了一支12.8万人的军队。如此一来，弗雷德里克·亨德里克对斯海尔托亨博斯的包围才没有后顾之忧。国内军队迅速反击，占领了西班牙的后勤基地韦塞尔，西班牙军队被迫撤退到埃瑟尔。1629年9月，被围困了5个月的斯海尔托亨博斯向弗雷德里克·亨德里克投降。

韦塞尔和斯海尔托亨博斯的陷落，在短时间内引起了欧洲的轰动。荷兰的战略优势开始显现。尤其是斯海尔托亨博斯是西班牙在布拉班特防线的关键，这条防线现在被荷兰人撕开了一个大口子。西班牙国王菲利普四世开始动摇了，提议进行和谈。荷兰认为在西班牙军队没有离开荷兰领土的时候，和谈是不能接受的。只有西班牙军队撤离，和谈的提议才会交给各省审议。对于和谈的分歧在各省显而易见，尤其是格罗宁根和泽兰反应最为强烈，和谈事宜陷入了僵局。

为了打破僵局，弗雷德里克·亨德里克在1631年组织了一次冒险进攻，率领3万人、3000名水军，携带80门野炮，开始进攻弗兰德斯直指敦刻尔克。荷兰军队渡过布鲁日—根特运河之际，一支规模强大的西班牙军队出现在荷兰军队的后方，这引起了荷兰国内的恐慌，尤其是国内的恐慌情

∧ 油画《弗雷德里克·亨德里克和恩斯特·卡西米尔在斯海尔托亨博斯战场上》

荷兰国立博物馆藏。鲍维尔·范·希勒加尔特绘制。作品描绘了亨德里克和他的侄子卡西米尔在斯海尔托亨博斯战场上指挥作战的情景，远景正是蜂拥攻城的军队，两名指挥官则神色淡定，充满了必胜的信心。

绪让弗雷德里克·亨德里克十分愤怒，不得不将大军撤回。

　　1632 年，荷兰发布了一个公告，公告承诺在荷兰军队占领的地方天主教可以自由传播，号召荷兰南部的人民"甩掉西班牙人的枷锁"。这一公告的作用很明显。1632 年，弗雷德里克·亨德里克率领 3 万人进攻墨兹河谷，先后占领了芬洛、鲁尔蒙德和斯塔德。正如公告中承诺的那样，这些地方的天主教教堂和神职人员没有受到任何干扰。1632 年 6 月 8 日，弗雷德里克·亨德里克率军包围了马斯特里赫特，西班牙为解救这座城市的一切努力都是徒劳的。8 月 20 日，荷兰军队埋下地雷炸塌了这座城市的城墙，3 天后，马斯特里赫特投降。

　　面对危局，1632 年 9 月，哈布斯堡荷兰总督伊莎贝拉（即阿尔布雷希特的妻子，阿尔布雷希特去世后，由她继任总督）被迫召集南方各省商量对策，大多数南方省份主张与荷兰进行和平谈判，以维护南方的完整性和天主教信仰自由。南方很快派出代表和荷兰进行谈判，但是谈判的授权被菲利普四世秘密取消了，他认为南方的和谈举动是对王权的挑衅，而且菲利普四世本来就没有打算谈判。

在荷兰国内，对和谈的态度分歧很大。弗雷德里克·亨德里克希望快速取得结果，但弗里斯兰、格罗宁根和泽兰坚决反对和谈。最终只有四个省派出代表和南方接触。这样的会谈是毫无意义的。1632 年 12 月，当荷兰国内意见统一进行和谈的时候，和谈的优势已经丧失了。至 1633 年 6 月，谈判濒临崩溃。弗雷德里克·亨德里克意识到谈判已无出路，建议向西班牙发出最后通牒，以让西班牙接受荷兰的要求。然而，此时的弗雷德里克·亨德里克已经失去了由阿姆斯特丹领导的"和平党"的支持，这些和平党的代表在荷兰占据着优势，他们不愿意放弃和谈。为此，弗雷德里克·亨德里克设法得到了其他大多数省份的支持，并于 1633 年 12 月 9 日经过投票中断了和谈。

荷兰与法国结盟

虽然荷兰与西班牙的谈判一直在拖延着，但是欧洲其他地方却在发生着变化。在欧洲其他战场上，西班牙军队接连取得了胜利，1634 年，西班牙枢机方特·费迪南德在取得诺德林根之战的胜利后，率军进入布鲁塞尔，他本人接替了 1633 年 12 月因病去世的伊莎贝拉成为哈布斯堡荷兰总督，西班牙在南部的实力明显增强。

荷兰人在这个时候已经知道和谈是没希望了，面对一支挟胜利之威的西班牙军队，荷兰决定与法国结盟以对抗西班牙的进攻。与法国结盟这件事在荷兰内部反应不一，和平党认为和法国结盟的某些条款将使荷兰陷入法国的束缚，限制荷兰的独立性。他们开始和弗雷德里克·亨德里克公开决裂。如此一来，弗雷德里克·亨德里克与结盟的支持者联系更为紧密，外交事务和军事事务都被他纳入手中。

1635 年 2 月，荷兰和法国在巴黎签署了《联盟条约》，其中承诺荷兰和法国在晚些时候一起进攻荷兰南部。这就预示着哈布斯堡荷兰将面对两个敌人。条约指出如果荷兰南部此时起来反抗西班牙，那么荷兰南部将独立起来。如果荷兰南部不反对西班牙，则法、荷两国将荷兰南部瓜分，法兰西斯省和西佛兰德省归属法国，其余省份归属荷兰。条约还规定，天主教将在各省继续存在。在荷兰的激进加尔文主义者看来，条约并没有让荷兰得到多少好处，因此对这个条约并不欢迎。

事实证明，瓜分荷兰南部在实际操作中相当困难。1635 年 5 月，西班牙军队成功抵挡了法国的进攻。而哈布斯堡荷兰总督方特则率领全部力量抵御荷兰的进攻，其兵力达到了 7 万人，与荷兰的兵力相当。西班牙军队的反击打破了荷兰和法国的钳形攻势。1635 年 7 月，西班牙军队占领了斯亨肯斯汉斯战略要塞，这个要塞位于莱茵河的一个岛屿上，这里是莱茵河北岸荷兰中心地带的后门。荷兰不会放弃这个要塞，因此在 1635 年冬天，弗雷德里克·亨德里克组织了强大的兵力来围攻要塞，终于在 1636 年 4 月将要塞夺回。

1637 年，弗雷德里克·亨德里克率军夺回了布雷达，这个胜利对弗雷德里·亨德里克来说可谓来之不易。在当时的荷兰国内，荷兰议会对于战争的热情已经没有了，因此弗雷德里克·亨德里克得到的支持越来越少，即便战场上胜利不断，但是战争距离终结已经不远了。

战争的终结

在亚洲和美洲的战场上，荷兰的胜利显而易见，而此时的西班牙却处处被动，尤其是 1640 年的加泰罗尼亚起义更是沉重打击了西班牙的统治，西班牙对于和谈的意图越来越明显。而荷兰国内的厌战情绪明显高涨，对于弗雷德里克·亨德里克的不满情绪也随之而来。因此和谈势在必行。

1641 年，荷兰和西班牙的和谈在今天德国的明斯特开始举行。双方边打边谈，进展甚微。在和谈期间，弗雷德里克·亨德里克在军事上取得了不少胜利。1644 年，荷兰军队占领了萨斯范根特和赫尔斯特。此后，他对于和谈的态度开始转变，和谈多少有些进展。1647 年 3 月 14 日，随着弗雷德里克·亨德里克的去世，荷兰在军事上的行动基本终止了。而西班牙因为战争的沉重负担，早已不堪重负，和谈成了唯一出路。

1646 年 1 月，和谈进入了倒计时阶段，荷兰的八名代表和西班牙代表很快就达成协议。协议中确认了西班牙承认荷兰的独立，荷兰提出的要求普遍得到了满足。条约的最终条文在 1648 年 1 月 30 日敲定，西班牙国王菲利普四世迅速予以批准。4 月 4 日，除泽兰拒绝之外其他省份批准了和平协议。1648 年 5 月 15 日，和谈代表们举行了和平宣誓，条约得到批准。八十年战争至此终于落下帷幕，荷兰开始步入自己的黄金时代。

∧ 油画《1648年5月15日明斯特条约得到批准》

油画《战争结束的庆祝》（局部）

荷兰国立博物馆藏。巴塞洛缪斯·范·德赫斯特绘制。作品描绘了1648年6月18日阿姆斯特丹公民护卫队因战争结束而举行聚会的情景，公民护卫队的队长们握手祝贺和平的到来。在队长的脚下放着一面战鼓，战鼓上放着一首诗，诗的大意是终于可以放下武器享受和平了。

VISIBLE
HISTORY OF THE
WORLD

关键词：香料贸易／殖民扩张

在战争中崛起的荷兰东印度公司

▪ 1602 年 ~ 1798 年

在八十年战争如火如荼地进行的时候，荷兰的商人们却在努力进行着自己的商业贸易。在此期间，一家横贯大陆的跨国公司悄然崛起，这就是荷兰东印度公司（联合东印度公司）。自1602年3月20日公司成立至1798年公司解散，将近200年的时间里，荷兰东印度公司总共向海外派出了1772艘船，约有100万人次的欧洲人搭乘东印度公司的轮船前往亚洲。这个具有国家性质、向东方进行殖民掠夺、垄断东方贸易的商业公司，在整个八十年战争期间，积累了大量财富，为荷兰进行战争、海外殖民和海外贸易立下了汗马功劳。

荷兰人踏上香料之路

在荷兰起义之前，安特卫普作为北欧的贸易配送中心发挥了重要作用。时间到了1591年，葡萄牙利用德国富格和韦尔泽两大银行家的资金以及意大利的贸易集团，以汉堡为北部主要港口进行贸易，迫使荷兰商人退出。与此同时，葡萄牙的贸易体系无法满足当时欧洲不断增长的需求，特别是对胡椒的需求。胡椒这种香料相对缺乏弹性，因而每次会因供应滞后而导致价格暴涨。荷兰商人看到了这里面的利润，促使他们积极参与到香料的

∧ 油画《荷兰东印度公司徽章和巴塔维亚徽章》

荷兰国立博物馆藏。左侧的徽章是荷兰东印度公司的纹章，在徽章的上部是金色的荷兰东印度公司的标志"VOC"，下部则是帆船、镜子、海神、美人鱼、地球仪、武器等组合图案。右侧是荷兰东印度公司亚洲总部基地巴塔维亚的徽章。

洲际贸易之中。而且，荷兰人扬·哈伊根·范·林斯霍滕在担任葡萄牙果阿总督秘书的时候，掌握了葡萄牙人关于亚洲贸易和航海的重要信息，并将之写成一本书出版发行，最关键的是在书中他提供了关于水流、岛屿、深海、沙洲等航海信息的真实数据，为荷兰人开拓香料贸易提供了保证。1592 年，探险家科内利斯·德·霍特曼受阿姆斯特丹商人派遣前往里斯本，从而发现了从欧洲到印度尼西亚的新海路，打开了荷兰加入香料贸易的大门。

1595 年，科内利斯·德·霍特曼之弟弗雷德里克·德·霍特曼受荷兰"长途公司"的派遣率领四条船踏上了香料之路，一路上他们曾和葡萄牙人、印尼土著人等发生冲突，等第二年他们回到荷兰的时候，有一半的船员死掉了，但是他们运回的香料却获得了可观的利润。1598 年踏上香料之路的荷兰船队越来越多，虽然损失了一些船只，但大多数都成功抵达，利润高

油画《探险家弗雷德里克·德·霍特曼肖像》

荷兰国立博物馆藏。未知艺术家绘制。霍特曼兄弟在荷兰开辟香料贸易之路上功不可没，尤其是弗雷德里克·德·霍特曼不仅在其兄长的基础上有所突破，而且还曾担任荷兰的第一任安汶总督。

得惊人。1599年3月，荷兰探险家雅各布·范·奈克率领的船队抵达了"香料群岛"马鲁古，这里是胡椒的产地，奈克由此抛开了爪哇中间商。当1600年奈克的船队返回欧洲的时候，它们赚取了400%的利润。

1600年，荷兰人和安汶岛的当地人结成联盟反对葡萄牙人，以换取荷兰人购买香料的唯一权利。最终，葡萄牙人将他们在安汶的堡垒交给了荷兰人，荷兰人实现了对安汶的控制。1636年，荷兰人经过多次反复终于占领了葡萄牙人的索罗堡。对于索罗的占领，让荷兰人掌握了檀香的贸易。

荷兰东印度公司的成立

随着荷兰人在亚洲站稳脚跟，控制货源。从1595年开始的短短7年之内，荷兰人共派出了15支船队、65艘船前往亚洲。这些大小不等的船队（少的2艘船，多的8艘船），各是一个"一次性公司"，只是为一次航行而成立。为首的发起人和董事自己投入资金，同时从其他投资者那里筹集一部分资金，所有的资金都会投入到这次航行之中，船队返回卖掉货物和船后，按投资比例清算分配。到1601年年底的时候，荷兰共有六个城市——阿姆斯特丹、泽兰（米德尔堡）、鹿特丹、代尔夫特、霍伦和恩克赫伊曾设立有这类"早期公司"。这些城市各自特许设立的公司之间的过度竞争，带来了荷兰国内要联合起来的政治压力，催生了由荷兰议会特许成立的"荷兰东印度公司"。

1602 年，荷兰政府仿效英国，赞助成立了一个单一的"联合东印度公司"，公司被授予了对亚洲贸易的垄断权。联合东印度公司的荷兰文名称是 Vereenigde Oostindische Compagnie，缩写为 VOC。VOC 后来成了公司的企业标识，出现在了公司的各种物品上，例如大炮和硬币。在英语国家，联合东印度公司被称为荷兰东印度公司，以区别于其他东印度公司。在公司成立之初，荷兰东印度公司垄断了肉豆蔻和丁香的贸易，并以在印度尼西亚收购价格的 14 ～ 17 倍在欧洲和印度销售这些香料。随着公司资本的雄厚，荷兰东印度公司根据公司章程授权开始建立堡垒，建立军队，巩固在亚洲的据点。

1603 年，荷兰东印度公司俘获了葡萄牙商船圣卡塔琳娜号，船上装运的来自中国的商品让荷兰东印度公司的资本增加了一半以上。同年，荷兰东印度公司又在印度尼西亚的万丹建立了一个永久性的荷兰贸易站，在此基础上建立了扎亚卡特（即雅加达）。1610 年荷兰东印度公司设立了总督职位，以便更好地管理他们在亚洲的事务。为了防止总督的权力过大独断专行，公司因而成立了董事会。总督只是管理者，他接受董事会中的"十七人会议"监督控制。

自荷兰东印度公司成立之初，他们在亚洲的活动就和其他国家处于激烈的竞争之中。和葡萄牙的竞争主要在印度尼西亚群岛和马六甲海峡的控制，和英国的竞争则导致了著名的安波那大屠杀，其中有十名英国人因密谋反对荷兰政府而被捕、审判和斩首，引起了欧洲的愤怒和外交纠纷。但最终英国人还是撤回了在印度尼西亚的大部分活动，专注于其他亚洲区域，荷兰东印度公司终于立足稳固。

血腥的殖民扩张

　　1619 年，扬·皮特斯·科恩被任命为第四任荷兰东印度公司印度尼西亚总督，科恩敏锐地觉察到了公司在亚洲扩张的可能性。1619 年 5 月，科恩率领 19 艘舰船冲进了雅加达，驱逐了万丹军队，在战争的灰烬中重建巴塔维亚作为荷兰东印度公司的亚洲总部。在 17 世纪 20 年代，几乎整个班达群岛的原住民都被赶走、饿死或者屠杀，科恩试图在这里大量安置荷兰殖民者，建立丁香和肉豆蔻种植园，但是当时荷兰人并不愿意移民此地。

　　当时的欧洲仅能提供少量的在亚洲消费的商品，主要的贸易都是通过金银来完成的。因此，除了葡萄牙和西班牙外，其他的欧洲商人不得不用香料来换取金银，尤其是荷兰人和英国人必须通过与其他欧洲国家建立贸易顺差来获取。科恩发现了解决这一问题的途径，即启动亚洲内部贸易来改变这一局面。此后，荷兰东印度公司开始利用来自日本的铜和银与中国进行丝绸、棉花、瓷器的贸易，然后将这些商品运回欧洲。在日本，荷兰东印度公司建立了长崎贸易点，这也是欧洲人被允许与日本进行贸易的唯一地方。

　　对于和中国的贸易，荷兰东印度公司则试图用武力来迫使中国开放对荷兰的贸易，当时的明朝政府对于荷兰东印度公司的强盗行径予以了反击，1622 年至 1623 年，荷兰东印度公司试图占领澎湖列岛作为据点，被中国军队击败。1633 年，荷兰人又试图在福建沿海建立据点，在料罗湾战役中被中国军队击败。最后荷兰在中国台湾建立了贸易据点，1662 年，郑成功率军收复台湾，彻底将荷兰东印度公司的势力从中国领土上驱逐。

　　荷兰东印度公司在武装侵略中国的行动上失败了，但在亚洲其他国家却取得了巨大的进展。1640 年，荷兰东印度公司夺取了葡萄牙人占据的斯里兰卡的加勒、锡兰，打破了葡萄牙人对肉桂贸易的垄断。1658 年，荷兰海军将领杰拉德·彼得斯·霍夫特与斯里兰卡康提王国国王拉贾廷加二世

联手夺取了科伦坡。从而确保了荷兰东印度公司对肉桂贸易的垄断。为了防止葡萄牙人重新夺回斯里兰卡，荷兰东印度公司继续攻击马拉巴尔海岸的葡萄牙人，并将它们从印度洋西海岸赶走。1663 年葡萄牙与荷兰达成和平协议的消息传到亚洲的时候，葡萄牙人仅剩下果阿一个据点。到 1669 年，荷兰东印度公司成为世界上最富有的私人公司，拥有 150 艘商船，40 艘战舰，5 万名员工和 1 万人的军队。其高昂的利润为荷兰进行八十年战争提供了充足的资金保障，这也是西班牙发动经济战而未能拖垮荷兰的重要原因。

∧ 油画《荷兰东印度公司商人夫妇》

荷兰国立博物馆藏。阿尔伯特·库伊绘制。画面中的商人据考证是荷兰东印度公司商人雅各布·马滕森夫妇，他们的身后是一个雅加达仆人，显示了荷兰商人在雅加达的地位，远处的背景是巴塔维亚城堡，商人拐杖所指之处是整装待发的荷兰东印度公司商船。

在竞争中的重新定位

17 世纪 70 年代，两次事件导致荷兰东印度公司的在亚洲的贸易增长停滞。首先，它在日本的高利润贸易开始下滑，德川幕府出台了一系列措施限制贵金属的出口。其次，随着中国的明清易代和郑成功收复台湾，荷兰东印度公司在中国的丝绸贸易和瓷器贸易严重受挫。到 1685 年，日本已经不是荷兰东印度公司贸易的关键。

在欧洲，由于第三次英荷战争的爆发，荷兰东印度公司的贸易暂时中断，导致胡椒价格飙升，诱使英国东印度公司积极地介入这个市场。此前，荷兰东印度公司的经营原则之一是略微过度供应胡椒，以便压低价格限制竞争对手的利润。当英荷战争爆发之后，荷兰东印度公司与英国东印度公司进行了激烈的价格战，由于上述经营原则的优势，这次价格战几乎导致英国东印度公司破产，股价

▼ 清乾隆粉彩荷兰东印度公司帆船图案盘

荷兰国立博物馆藏。清乾隆时期外销瓷的主要采购者就是荷兰东印度公司，他们不但直接采购景德镇生产的瓷器，而且订制指定图案的瓷器，这个瓷盘就是订制品之一。

下跌。与此同时，法国东印度公司和丹麦东印度公司也开始介入荷兰的贸易渠道，原本在亚洲贸易中具有重要地位的胡椒的地位开始下滑。为了继续垄断，荷兰东印度公司不得不加强其亚洲主要贸易点的防护，成本明显增加。

当初，荷兰东印度公司为了改善其在印度马拉巴尔海岸的军事地位，通过武力迫使控制马拉巴尔海岸的卡利卡特王公扎莫林屈服于荷兰的统治。1710年，扎莫林和荷兰东印度公司签署了一项条约，专门为荷兰东印度公司驱逐在马拉巴尔海岸进行贸易的其他欧洲商人。虽然短时间之内改善了荷兰东印度公司的处境。但是到了1715年，扎莫林在英国东印度公司的鼓动下，放弃了与荷兰人的合作。荷兰东印度公司曾出兵攻打扎莫林，但未能取胜。此后扎莫林和英国人、法国人继续交易，荷兰试图控制马拉巴尔胡椒的计划破产了。1741年，印度特拉凡哥尔王公马达·瓦马在克拉恰尔之战中打败了荷兰人，并且俘虏了荷兰指挥官尤斯塔奇斯·德·兰诺伊。为了救回兰诺伊，荷兰东印度公司答应帮助瓦马训练军队。这一事件标志着荷兰在印度的影响力开始下降。

随之作为荷兰东印度公司核心贸易的香料贸易利润下滑，荷兰东印度公司开始尝试仿效欧洲其他竞争对手，进行多元化经营，涉足茶、咖啡、棉花、纺织品和糖等领域，这些商品的利润较低，只能以加大销量来获取利润。荷兰东印度公司的这种改变，一方面是欧洲对亚洲纺织品、咖啡和茶的需求发生了革命性的变化，另一方面大量的低利率资本开始进入流通领域，这为公司在新的领域拓展提供了资金。即便如此，荷兰东印度公司利润下滑的事实依然未能改观。在此期间，荷兰东印度公司返回船舶的吨位增加了125%，但是其销售收入仅增长了78%。尽管如此，在投资者看来，荷兰东印度公司并没有太糟。从17世纪80年代中期开始，荷兰东印度公司的股价一直徘徊在400荷兰盾左右，甚至1720年还曾创下642荷兰盾的新高。然而，随着时间的推移，荷兰东印度公司早已失去了往昔的辉煌。

荷兰东印度公司的末路

1730 年之后，荷兰东印度公司开始走上了持续下滑的道路。首先在亚洲荷兰东印度公司逐渐被挤出了苏拉特、马拉巴尔海岸和孟加拉，公司业务基本上转移到了锡兰和印度尼西亚一线，故而造成其盈利能力缩小。其次，以巴塔维亚为集散地的优势转变成了劣势，尤其在茶叶贸易上，已经和英国东印度公司、奥斯塔德公司直接从中国发货运往欧洲无法相比。再者，公司人员损失大造成公司缺少活力，而错误的股息政策则限制了公司资本的流动性。

尽管如此，在 1780 年的时候，荷兰东印度公司依然拥有雄厚的资本，其资产总额为 6200 万荷兰盾，其中阿姆斯特丹本部的船只和库存货物总计 2800 万荷兰盾，在亚洲的资本则达到了 4600 万荷兰盾，而债务仅有 1200 万荷兰盾。假如在此基础上进行改革，荷兰东印度公司还是很有机会的。然而第四次英荷战争的爆发，让荷兰东印度公司在亚洲的资产损失殆尽。

第四次英荷战争结束之后，荷兰东印度公司仅仅剩下了一个金融残骸，在荷兰和泽兰省的重组徒劳无功。1796 年 3 月 1 日，荷兰东印度公司被新的巴塔维亚共和国国有化，但是其命运并没有因此改变。1798 年 12 月 31 日，存在了将近 200 年的荷兰东印度公司宣布解散。

2003 年，荷兰东印度公司的档案被联合国教科文组织列入《世界遗产名录》。联合国教科文组织认为荷兰东印度公司遗留下来的 2500 万页的档案涵盖了世界现代史早期关于亚洲和非洲大量的政治和经济信息。

> 荷兰东印度公司标志帆船图案高脚杯

荷兰国立博物馆藏。这个高脚杯形制修长，玻璃透明度高。在杯子的外壁上雕刻着荷兰东印度公司的帆船和标志，并且有杯子主人的题名。可以说，这个杯子是荷兰东印度公司商人们为了纪念自己的商业成就特别定制的，在荷兰国立博物馆还有很多这类玻璃器皿，反映了荷兰东印度公司曾经的辉煌。

第三章

黄金时代群星闪耀

　　17世纪的荷兰，是荷兰历史上最辉煌的时期，从国家财富、国家意识、社会结构和宗教观念方面，当时的荷兰已经超越了欧洲各国。在这样的背景下，荷兰在科学、绘画、建筑、雕塑、司法等各个领域都成就辉煌，硕果累累，涌现出了格劳秀斯、惠更斯、列文虎克、伦勃朗、维米尔等一大批具有代表性的人物，成为荷兰黄金时代最耀眼的明星。

关键词：金融中心／文化繁荣

黄金共和国

▪ 17 世纪

　　17世纪被称为荷兰的世纪，在这个时期，荷兰的贸易、科学、军事和艺术是最受世界欢迎的时期。在这个时间段内，荷兰的海外扩张达到了前所未有的程度，荷兰的工业发展、商业运营、金融行业都突飞猛进。因此有人将这一时期的荷兰称为"黄金共和国"，将荷兰这一时期的经济发展称之为"荷兰奇迹"。

世界金融中心

　　有一位观察者到达阿姆斯特丹时，写下了这样的一段话："自从我对阿姆斯特丹有了更深的了解后，我把它比作一个交易会，商人们带着货物从四面八方来到这里，相信在交易会上能找到销路。正如参加交易会的商人通常不使用自己出售的货物一样，从欧洲各地收购货物的荷兰商人也只把他们认为绝对必要的商品留下自己使用，并把他们认为多余的，也是最昂贵的商品卖给其他国家。"

　　荷兰之所以能成为 17 世纪的金融中心，与荷兰人创造的金融体系是密不可分的。阿姆斯特丹早在 1609 年就成立了世界上第一个股票交易所，

∧ 油画《阿姆斯特丹证券交易所的院子》

荷兰鹿特丹博曼斯美术馆藏。伊曼纽尔·德·维特绘制。阿姆斯特丹证券交易所在其成立之初，就吸引了大量的商人在这里进行投资和交易。画家仅仅选取了证券交易所庭院的一角，就刻画出了当时金融投资的盛况。

这是荷兰人的一个创举。在这座交易所中，活跃着超过 1000 名股票经纪人，前来进行交易的不仅仅有荷兰人，还有众多外国人，这里很快成为欧洲最活跃的资本市场。大量财富涌入荷兰的国库和普通人的腰包。每当国家需要从事公共事业、招募军队、装备船队等大事时，荷兰甚至开始发行国债。

由于国家信誉良好，从不拖欠利息，因此投资人都不想抽回资金。银行是现代金融体系的核心，荷兰人也早在 1609 年时便创立了阿姆斯特丹银行。这座城市银行的职能包括吸收存款、投放贷款等，大型的交易无一不通过银行，这对于荷兰经济的稳定起到了极大意义。可以说，荷兰人为现代的金融贸易体系建立起了基本的框架。

荷兰人的商业精神也是其成功不可或缺的条件。荷兰人无论是组织政府，还是奋起反抗西班牙人的压迫，归根到底还是为自己的商业利益服务。我们可以看到，当西班牙和荷兰之间的战争还在如火如荼地进行时，西班牙人的钱依旧能在荷兰的银行中流进流出。

∧ 黄金画珐琅怀表

荷兰国立博物馆藏。在黄金时代，荷兰的制造业迅猛发展，这枚怀表就是当时荷兰制表匠的作品，镀金外壳和珐琅彩画艺术的结合，让作品平添了一种高贵典雅的气息。

荷兰人凭借着其庞大的金融体系和坚定的商业精神在 17 世纪创造出了一个奇迹。阿姆斯特丹作为世界的经济中心，像一个指挥塔指挥着世界的经济。波罗的海沿岸的国家依附于荷兰的商业网络，即使是法国也必须在经济上受到阿姆斯特丹的控制。英国虽然从 17 世纪中叶起就成为荷兰强有力的对手，但事实上也没有脱离荷兰对其经济的制约。

有人说，17 世纪的阿姆斯特丹就是今天的美国华尔街。无独有偶，荷兰人在北美的殖民地名叫新阿姆斯特丹，他们在那里开辟了一条街名叫 Wall Street。当英国人占领这座城市后，为其改名为新约克郡（New York），也就是现在的美国纽约，而那条 Wall Street，也就是现在名副其实的世界金融中心——华尔街。

文化大繁荣

此时的荷兰处于政治的稳定期、经济的繁荣期，这样的环境有助于新的科学知识的发展和传播。其次，共和国境内的高度城市化使得荷兰社会成为一个有文化的社会，这为新科学思想的繁荣提供了肥沃的土壤。另外，此时流入荷兰共和国的那些尚不为人所知的物品以及国外的动植物极大地刺激了人们探究自然现象的兴趣，而这在很大程度上归功于荷兰东印度公司，他们为收藏家带回了许多自然界的珍品。极高的识字率和对各种自然与历史现象的巨大兴趣导致了书

> 安特卫普橱柜

荷兰国立博物馆藏。橱柜的材质为乌木和核桃木，采用了镶嵌和髹金漆装饰，在橱柜的面板上绘制了16幅《圣经》故事图画，每一幅图画反映一个主题。这个橱柜是黄金时代荷兰家具中的杰作，反映了当时人们的审美观念。

^ 油画《阿姆斯特丹黄金湾风景》

荷兰国立博物馆藏。格利特·安德里亚茨·贝克海德绘制。贝克海德是17世纪荷兰著名的风景和建筑画家，这幅作品描绘的是阿姆斯特丹黄金湾附近的景观。从中可以看出这是黄金湾建设时期的情景。17世纪随着阿姆斯特丹人口的增长，大规模的建设开始呈上升趋势，而黄金湾则是著名的富人聚居区。

籍和印刷品的需求量大为增加，阿姆斯特丹在1650年拥有91家印刷厂和出版商，已经成为欧洲最重要的出版中心。17世纪的共和国出版的书籍超过10万部，其中许多都是用于出口的。

移民也是文化繁荣的因素之一。具有各种文化背景的移民使得共和国成为一个世界性的大熔炉，各种思想文化在这里碰撞，各种新思想的讨论造就了富有活力的文化氛围。荷兰的教育机构也在这样的大背景之下急剧增加，而这又反过来推动了文化的发展。1600年荷兰只有两所大学，到了1650年左右，每个省都至少有一个高等教育机构，全国共有13所学院和大学。与此同时，社会对于文化性和学术性知识的需求也是巨大的。17世纪，受过学术教育成了从事众多职业的条件。

在这样文化友好的社会土壤中，培育出了一批科学家、哲学家、艺术家。列文虎克磨制出的显微镜最多能够放大 270 倍，他是历史上第一个借助自己的显微镜进入肉眼不可见世界的人。米德尔堡的眼镜匠汉斯·利佩尔海伊发明了一种"能看到远处的工具"，并为它申请了专利。第二年春天望远镜开始在意大利出售，伽利略正是仿照荷兰的样本自己制造了一台望远镜。科学家惠更斯在物理学、数学、天文学等领域都做出了杰出的贡献。法国思想家、数学家笛卡尔流亡离开法国，长期在荷兰共和国生活和工作，他的许多著名学术成果都是在荷兰完成的。著名的思想家、哲学家斯宾诺莎与列文虎克是同一年出生的，他系统地发展出了一个全面的哲学体系。画家伦勃朗画出了一幅又一幅让后世为之惊叹的作品。维米尔尽管在生前籍籍无名，但现在已经被列入 17 世纪荷兰画派的大师行列。

黄金时代的荷兰在文化方面，同样发挥了不可或缺的先锋作用，为整个世界做出了不朽的贡献。

贫民的黄金时代

黄金时代的荷兰的确积累了大量的财富，但事实上，只有少数幸运儿才能发家致富。对于普通人来说，17 世纪共和国的生活发生了明显变化。人口大幅度增加，对商品的需求随之增加，而商品的供应也能够跟上人们的需求。对于一些小生意人来说，大量外国货的涌入影响了他们的收入。研究证明，普通人甚至是中产者的收入在整个 17 世纪几乎没有什么太大的变化，到了 17 世纪中期以后甚至下降了 10% 左右，他们的状况与富人截然相反。针对不断扩大的贫富差距，社会开始走上了救济与慈善之路。

此时荷兰经济的发展给人们提供了许多找到工作的机会，人们都在设法谋生，这使得一些人的处境看起来并不那么坏。但是，任何小小的挫折都可能导致他们陷于贫困。一次事故、一场严重的疾病和一些先天性的缺陷都有可能使很多人只能耻辱地祈求救济。

　　行会帮助一部分低收入者改善处境，为他们提供行会的疾病救济金。没有一个地方在这方面比阿姆斯特丹做得更好，这里有不少于30家行会每周对疾病和贫穷的成员发放补助金。当然，行会的钱不足以保护每个成员避免完全丧失收入的危险，可是却能帮助弥补劳动者与中产阶级家庭之间的收入差距，从而防止人们在社会等级中下滑。在儿童救助方面，行会的成员们获得保证，如果他们过早地去世，他们的孩子将会得到很好的照顾，因为这些孩子会被纳入市孤儿院中。

　　当工匠和商人们用大量行会组织的保险计划把自己武装起来，以便在某种程度上预防疾病和死亡的风险时，散工们却无力抵抗命运的打击。他们在找不到工作或受伤时只能做一些零工来谋生，比如给人跑腿、在教堂里生炉子或是在星期天看守城镇的大门。那些特别大胆或者已经山穷水尽的人就常常去犯罪和卖淫。即使这样都不够的时候，那些真正绝望的人就不得不接受慈善救济。

　　城市和教会也在进行着针对穷人的慈善救济。对于收入极低的家庭，每年可以从本市的慈善救济处获得20个盾的贫困救济，并从教会执事委员会那里再获得10个盾，每个孩子每年也有权得到一件新衬衫。另外，一些修道院还会给穷人提供免租房，以解决部分人的住宿问题。救济计划的目标仅仅是让穷人能够以尽可能低的开支生活下去，为此，负责分发救济的机构提供各类商品和服务，比如市里的医生向穷人提供免费的医疗；在许多地方，穷人家庭可以免费送他们的孩子进入学校读几年书。

　　荷兰共和国的贫穷救济体系在黄金时代日益完善，后来被许多国家视为慈善事业的典范。

> 油画《代尔夫特市长和他的女儿》

荷兰国立博物馆藏。扬·斯蒂恩绘制。斯蒂恩是17世纪荷兰著名的风俗画家，这幅作品还有一个故事：穷人克罗瑟向代尔夫特市长请求施舍，市长的女儿以鄙夷的目光瞟向一边。而市长在施舍两年之后却陷入了高额债务之中，在克罗瑟的担保之下脱离困境。

关键词：《论海洋自由》／《战争与和平法》

近代国际法的鼻祖雨果·格劳秀斯

▪ 1583 年～ 1645 年

在代尔夫特新教堂，安葬着荷兰的国父沉默者威廉，还有之后荷兰王室的历代君主。令人费解的是，教堂门口广场上屹立的唯一一座雕塑并不属于国父威廉，而属于埋葬在这里的另一位伟人，他身穿长袍，手捧一本书，俨然一副端庄和深邃的学者形象。他就是被誉为国际法之父的雨果·格劳秀斯。

少年天才

1583 年，格劳秀斯生于荷兰代尔夫特一个献身宗教的官员世家，他是家中的长子。由于良好的家教加上天赋异禀，他从小就被冠上了神童的称号，11 岁就进入莱顿大学学习古典语言和东方语言，15 岁就应邀陪荷兰代表团访问法国。在这一行中，荷兰与法国签订了盟约。格劳秀斯还在法国受到了法国国王亨利四世的接见。

格劳秀斯早期的作品主要集中在文学、戏剧和拉丁语方面。通过语言的学习，他写作了 1 万行左右的拉丁文诗歌、荷兰文诗歌，还创作过几部剧作。在法律方面，我们现在无法知道他在大学期间是学习了法律，但可以肯定的是，他的古典语言学的著作里不可避免地收录了大量法律方面的内容。也许正是在古典作品中掌握了相当数量的法律知识，他随后在奥尔良法学院获得博士学位，这使得他 16 岁时便在海牙当上了律师。

在 18 岁到 29 岁这段日子里，格劳秀斯接受了荷兰政府的委托，进行荷兰解放战争史的写作，记录了 1555 年至 1609 年间发生的重大政治事件以及各次战斗。他还曾写过一部有关国家历史的小册子，论述关于国家财产和国家主权方面的内容。格劳秀斯还研究比较过民族性格和风俗习惯，他对荷兰人在反抗西班牙人的战斗中所表现出的忠诚给予了充分的褒扬。

∧ 油画《雨果·格劳秀斯肖像》

荷兰国立博物馆藏。米歇尔·扬茨·范·米勒韦尔特画室绘制。格劳秀斯不仅仅是一个法学家、律师，更是一位诗人，他的第一首诗歌就是赞颂弗雷德里克·亨德里克的，他留下了大量的用拉丁文创作的诗歌。

《论海洋自由》

17 世纪伊始，当荷兰人想要在海上贸易中得到一份属于自己的利益时，与已经称霸海上的葡萄牙和西班牙发生了不可避免的冲突。1603 年，由 8 艘商船组成的阿姆斯特丹船队就在马六甲海峡将葡萄牙的凯瑟琳大型运货帆船捕获，在船上的葡萄牙人投降并被遣散回家后，荷兰人将货物带回了荷兰，

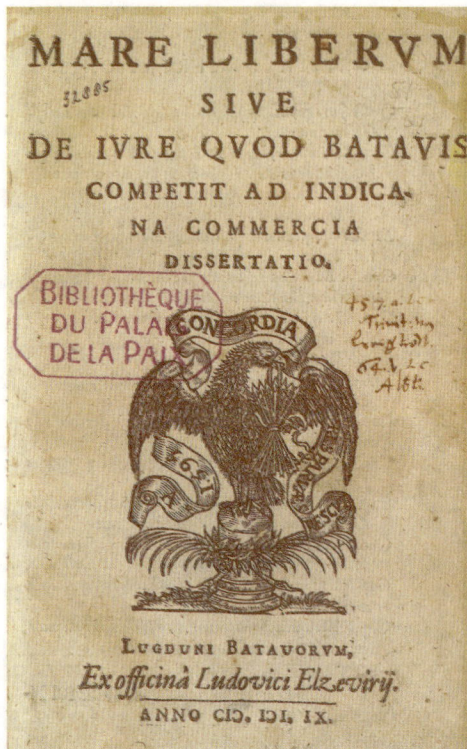

< 格劳秀斯《论海洋自由》第一版
扉页

荷兰海牙和平宫藏。《论海洋自由》
是格劳秀斯最重要的作品，这个作品
一面世就引起了轰动，而后世马汉的
海权学说追根溯源也能看到格劳秀斯
的影响。即便是1994年的《联合国海
洋法公约》也继承了格劳秀斯的一些
重要思想，足见其影响之深远。

交给了捕获法院进行处理。法
院将这些货物判给了荷兰东印
度公司，但是荷兰东印度公司
董事会害怕引起战争于是拒绝
了法院的判决，并委托格劳秀
斯为此案写辩护词，于是诞生
了《捕获法》。但是当这部作品写完时，政府与公司间的尴尬局面已经化解，
这部作品便没有面世。

到了1608年，荷兰与西班牙在贸易和航行权利方面产生了摩擦，于
是格劳秀斯将《捕获法》的第十二章略做修改，单独发表了一篇名为《论
海洋自由》的文章。格劳秀斯之所以要为海洋自由辩护，要从哥伦布发现
美洲说起。地理大发现之后，西班牙和葡萄牙因为海洋权利争斗不休，于
是他们请教皇出面裁决，当时的教皇亚历山大六世便划定亚速尔群岛和佛
德角群岛以西100里格的子午线为分界线，在其以西的一切区域归西班牙，
在其以东一切区域归葡萄牙。这样的规定自然就成为荷兰发展海航贸易的
一大障碍。

针对西葡两国依靠教皇来为自己的海洋主权寻找依据的行为，格劳秀

斯指出，教皇的决定对世界其他各国是没有效力的，教皇并非世俗的君主，而是管辖精神领域的领袖。"上帝赐予人类环抱整个地球，且在其上可以到处航行的海洋，以及让今朝从一地掀起、明日又从他方骤起的季风和变化莫测的风向，难道不是提供了一个雄辩的证据证明——自然赋予每个人与其他所有人相互交往的权利吗？"因此，海洋处于自然法状态，它应该被全人类所共有。葡萄牙出于自我利益的考虑，拒绝荷兰分割他的利益。而荷兰也应该勇敢地为了自己和全人类的自由，维护这一份权利。如果和平的条约形式不能解决问题，就应当诉诸武力来捍卫自由。格劳秀斯是世界上第一个提出"公海自由"的人，时至今日，这一理论已作为一项国际法原则，为全世界人民所接受，对于世界人民的交往和经济的交流有着积极的意义。

《战争与和平法》

1618 年，格劳秀斯因为荷兰内部政治斗争而被捕，被判终身监禁。但他在狱中也不忘写作，完成了《荷兰法理学入门》和《真正基督教诠释》。在狱中待了三年之后，格劳秀斯做出一个惊人的决定——越狱。他不想在监狱中度过自己的下半生，他还有未完成的使命。由于他文采斐然，又是著名的法学家，因此他获得许可经常能够运书来监狱。于是在 1621 年，他藏进一个空书箱里，被运出了监狱。重获自由之后格劳秀斯逃到了法国，并得到法国国

> 黏土雕塑《格劳秀斯胸像》

王的资助。终于，在 1625 年，他出版了自己不朽的著作《战争与和平法》。

当时的欧洲对战争的态度有着两种极端的观点，一种是极端和平主义者，认为使用武力有悖于基督的良心；另一种是认为所有由主权意志发动的战争皆为合法之举，战争时也不受任何道德的制约。格劳秀斯则认为，战争分为正义战争和非正义的战争，而且交战国之间对使用暴力也要做出限制，并且否定了统治者有发动战争的绝对权利。格劳秀斯对战争表达出厌恶之情，强烈地希望能够限制战争及其范围。

"那种关于国家与国家之间，或者国家统治者之间的相互关系的法律，不管是衍生自自然，还是由神律所奠定，更或者是来源于习俗与默认的约定，却很少有人问津。"格劳秀斯在《战争与和平法》的序言中如是说，这显然便是他写作的初衷和全力想完成的任务。当 1645 年格劳秀斯去世时，欧洲的大规模内战"三十年战争"还未结束，但他已经用自己的理论为结束三十年战争的威斯特伐利亚和会的召开和相关和平条约的签订奠定了法律的基础。今日国际社会有了一定的规则与秩序，沐浴在和平之下的我们也该感谢这位国际法之父。

∧ 阿姆斯特丹关押格劳秀斯的监狱

VISIBLE
HISTORY OF THE
WORLD

关键词：摆钟论／光的波动说

近代自然科学的重要开拓者惠更斯

■ 1629 年 ~ 1695 年

"世界是我的祖国，科学是我的信仰。"这句话出自克里斯蒂安·惠更斯。惠更斯是介于伽利略与牛顿之间一位重要的物理学先驱，是与牛顿同一时代的科学家，是历史上最著名的物理学家之一。他对力学的发展和光学的研究都有杰出的贡献，在数学和天文学方面也有卓越的成就，是近代自然科学的一位重要开拓者。

豪门子弟的科学之路

1629 年 4 月 14 日，克里斯蒂安·惠更斯出生于荷兰海牙一个富裕家庭。他的父亲康斯坦丁·惠更斯是荷兰黄金时代的诗人兼作曲家，曾经担任奥兰治亲王弗雷德里克·亨德里克和威廉二世的秘书，还担任过驻法国的荷兰外交官。在担任外交官期间，康斯坦丁与笛卡尔、伽利略、马林·梅森等人交往甚密，其中笛卡尔还直接指导过少年惠更斯。少年时代惠更斯主要接受的是家庭教育，康斯坦丁在对孩子的教育上很自由，这种宽松的教育让惠更斯学习了语言、音乐、历史、地理、数学、逻辑和修辞，并且学会了舞蹈、击剑和骑马。

<油画《康斯坦丁·惠更斯和他的五个孩子》

荷兰海牙莫瑞泰斯皇家美术馆藏。安德烈·哈内曼绘制。画面的正中是康斯坦丁·惠更斯的肖像，上部是他唯一的女儿苏珊娜，左侧两人分别是克里斯蒂安·惠更斯和菲利普·惠更斯，右侧两人为路德维希·惠更斯和小康斯坦丁。康斯坦丁作为一个父亲是成功的，他的五个子女都受到了良好的教育，并且在各自的领域成绩斐然。

　　1645年，16岁的惠更斯进入莱顿大学，主攻法律和数学。两年之后转入布雷达新成立的奥兰治学院继续深造，于1655年获得法学博士学位。此后，惠更斯就开始了自己的游学生涯。他首先到了巴黎，再度见到了父亲的挚友笛卡尔，从此开启了自己的科学生涯。按照康斯坦丁的想法，原本希望惠更斯做一名外交官，但是随着奥兰治家族在第一个无执政时期的失势，康斯坦丁也受到牵连，这样的想法就不现实了，因此对于惠更斯走上科学之路丝毫没有反对。1663年，惠更斯访问英国，当时的他已经在科学研究领域成果丰硕，因此当选为英国伦敦皇家学会的第一位外籍会员。3年之后，惠更斯成为荷兰科学院院士。同年，惠更斯应法国皇帝路易十四邀请，到巴黎参加学术活动，并当选为巴黎科学院院士。1672年，惠更斯在巴黎结识了年轻的德国学者莱布尼兹，惠更斯对莱布尼兹赞赏有加，热心地指导他研究数学，两年之后，惠更斯向荷兰科学院推荐了莱布尼兹关于微积分的第一篇论文。

1681年，饱受抑郁症折磨的惠更斯回到荷兰海牙，在海牙期间，他一边养病，一边坚持科学研究。1689年，惠更斯第三次访问英国，见到了英国著名物理学家牛顿，牛顿对惠更斯高度赞扬，称他是"当代最伟大的几何学家"。随着年龄的增长，惠更斯最终回到了荷兰，1695年7月8日在荷兰与世长辞。

科学领域硕果累累

惠更斯的一生都处在富裕宽松的环境之中，从没受过宗教的迫害和干扰，因此他在科学领域可以尽情施展自己的才华，终身致力于力学、光学、天文学和数学的研究。他勤于思考，善于动手，能将实践和理论结合起来

∨ 油画《路易十四接见科学院院士》

法国凡尔赛宫藏。亨利·特斯特林绘制。画面表现了法国皇帝路易十四在1667年接见巴黎科学院院士时的情景。在画面左侧，靠近地球仪、身穿黄色外衣的就是新当选的科学院院士惠更斯。

˄ 17 世纪英国制造的摆钟

美国纽约大都会艺术博物馆藏。在 1656 年惠更斯发明钟摆之后，钟摆很快就被运用到了钟表制作上，这架由英国人制作的摆钟就是其中之一，其简洁的造型给人以赏心悦目之感。

进行研究，透彻地解决问题，因此在摆钟的发明、天文仪器的设计制作和弹性体碰撞和光的波动理论方面都有突出成就。惠更斯为后人留下了大量的科学论文和著作，后人结集出版的《惠更斯全集》达 22 卷之巨。

对摆的研究是惠更斯科学生涯中最引人注目的成就。几个世纪以来，时间测量始终是摆在人类面前的难题。在惠更斯的时代，主要的计时工具依然是日晷和沙漏，很难保证时间的精确性。随着科学研究的深入，伽利略发现了摆的等时性，惠更斯则将摆运用到了计时器上，从此开启了人类计时的新时代。

惠更斯根据单摆振动的等时性原理，设计制作出了世界上第一架计时摆钟。这架摆钟由大小不同、形状各异的齿轮组成，利用重锤作为单摆的摆锤，由于摆锤可以调节，因而计时就比较准确。在发明摆钟之后，惠更斯出版了《摆钟论》一书，详细介绍了有摆自鸣钟的制作工艺，分析了钟摆的摆动过程和特性，提出了"摆动中心"的概念——即任一形状的物体在自己重力作用下绕一水平轴摆动时，可以将它的质量看成集中在悬挂点到重心之连线上的某一点，以将复杂形体的摆动简化为简单的单摆运动来研究。在研制摆钟的时候，惠更斯还进一步研究了单摆运动，他制作了一个周期为 2 秒的秒摆，导出了单摆的运动公式。在精确地取摆长为 3.0565 英尺时，计算出了重力加速度为 9.8 米 / 秒，这一数值就是我们现在使用的重力加速度的数值。

1679 年，惠更斯在向巴黎科学院的报告和 1690 年出版的《光论》一书中，提出了著名的惠更斯原理："光波发射时，传播光的每一物质粒子不只把运动传给前面的邻近粒子（与原始粒子和光源位于同一直线上），而且还应传给周围所有其他和自己接触并阻碍自己运动的粒子。因此，在每一粒子周围就产生以此粒子为中心的波。"这就是著名的"光的波动"说，利用这一原理，惠更斯解释了光的反射、折射定律，特别是解释了冰洲石的双折射现象。

在天文学方面，惠更斯也是成绩斐然。1655 年，惠更斯用自己研磨出的透镜组装了一架清晰度和倍率更高的望远镜。第二年，惠更斯利用这架望远镜发现了猎户座星云，并且发现了土星的一颗卫星，并将之命名为"泰坦"，这就是土星的卫星土卫六。在利用望远镜观测的同时，惠更斯发现了土星的光环，并注意到土星光环面相对于地球轨道面倾斜，因而周期性地侧对地球，故而在地球上没法看清它。

同时，他深入研究了几何光学理论和应用光学技术，例如折射定律及折射率，眼睛及眼镜片，透镜的放大率、焦深、球差与色差及其消除，以及改进望远镜与显微镜等等。他发明的目镜效果良好，被称为惠更斯目镜，至今通用。

关键词：显微镜 / 微生物

列文虎克与他的"狄尔肯"

▪ 1632 年～ 1723 年

一个几乎没有受过基础教育的看门人却为人类推开了通往微生物界的大门，这就是显微镜的发明人列文虎克。

看门人和他的显微镜

1632 年，列文虎克出生于一个酿酒工人的家庭。父亲早早去世，母亲一个人将他抚养长大，贫苦的家庭无法支撑他接受教育，只跟着母亲学了一些简单的知识。16 岁的他为了谋生进入一家布店当学徒，后来还自己开了一家裁缝铺。但他的铺子生意平平，没有给他带来太多的收入。直到 40 岁的时候，他才在家乡代尔夫特的市政厅谋得了一个看门人的职位，工作清闲，收入也不错。

在一次和人闲聊的过程中，列文虎克听说眼镜店可以磨制放大镜，把看不清的小东西放大，这引起了他极大的兴趣。他决定去眼镜店买个放大镜回来一探究竟。谁知镜片贵得惊人，列文虎克只好悻悻而归。但是当他看到眼镜店师傅磨制镜片似乎也没有什么高深的技艺，他便决定自己买镜片回来磨制。好在看门的工作比较清闲，这给了列文虎克充足

> **油画《列文虎克肖像》**

荷兰国立博物馆藏。扬·维尔库耶绘制。画面中的列文虎克身穿长袍，坐在书桌前面，桌上有一架地球仪、墨水瓶和打开的资料，他的手里正拿着一个镊子。画家绘制这幅作品的时候列文虎克刚被英国国王查理二世任命为伦敦皇家学会会员。

的时间磨制镜片。

　　列文虎克凭借着自己的耐心一点点打磨着镜片。当时并非没有技术类的著作，只是这些著作多是以拉丁语写成，对于只懂荷兰语的列文虎克来说是无法查阅的。于是他只能自己在摸索中前进。功夫不负有心人，他终于磨出了一个小小的透镜，为了方便观察，他还做了一个架子，将透镜放在上面。后来又经过反复琢磨，他在透镜下面装了一块钻了小孔的铜板，使光线能够从这里射进来，照出所要观察的东西。这便是列文虎克制作的第一架显微镜。

　　有了属于自己的显微镜后，列文虎克开始观察身边的事物。他把手伸到显微镜旁，只见手指上的皮肤，粗糙得像块柑橘皮一样，难看极了。他看到蜜蜂腿上的短毛，犹如缝衣针一样地直立着，看着有点害怕。随后，他又观察了蜜蜂的螯针、蚊子的长嘴和一种甲虫的腿。

推开微生物界的大门

列文虎克开始不满足于观察周围的东西，他决定制作更大更好的显微镜。几年之后，列文虎克制成的显微镜越来越多，越来越好，最厉害的能把东西放大两三百倍。他不允许任何人参观他的工作，他总是一个人在自己的研究室里磨制镜片，观察东西。他从草的浸泡液中观察到了许多我们肉眼看不到的东西，列文虎克给他们起名叫"狄尔肯"，也就是 dierken，意思是细小活泼的物体。

一位列文虎克的友人名叫格拉夫，是英国皇家学会的通讯员，当他得知列文虎克的发现之后，特地前来参观。列文虎克一反常态地热情接待了他，并拿出自己的显微镜邀请他观看。当格拉夫看到了列文虎克观察到的小东西时，他惊呆了。他知道这一定是伟大的发现，于是他建议列文虎克将他的成果寄给英国皇家学会，将这惊人的发现公之于众。列文虎克犹豫了，因为这些显微镜都是他的财富，他的心血。

最终经过了激烈的思想斗争，列文虎克将他观察的狄尔肯写成了记录，寄给了英国皇家学会。当然，他依旧保留着自己的显微镜。英国皇家学会经过验证，确认了列文虎克的成果是正确的，于是他的报告被公开发表在了皇家学会的刊物上，轰动一时。已经取得的成果并没有阻止列文虎克探索的脚步，他日复一日地磨制镜片，制造不同的显微镜。

▽ 列文虎克发明的显微镜

1683 年，列文虎克在人的牙垢中发现了比狄尔肯更小的生物，并将他的发现记录了下来。直到 200 年之后，人们才正确认识了列文虎克观察到的这些生物，那就是细菌。

列文虎克于 91 岁去世。他去世之后，将显微镜的制作方法和几台制作精良的显微镜捐给了荷兰皇家学会，让世人得以共享他的财富。列文虎克一生磨制了 400 多个显微镜，有 9 种至今仍在使用。

列文虎克名声越来越大的时候，曾有记者采访过他，询问他成功的秘诀是什么。列文虎克想了想，什么都没说，伸出了他因常年磨制镜片而布满了老茧的手。正是靠着这份勤奋，列文虎克为人类推开了通往微生物界的大门，对 18 世纪和 19 世纪初期细菌学和原生动物学研究的发展，起了伟大的奠基作用。

> 代尔夫特的列文虎克纪念碑

列文虎克去世之后被安葬在代尔夫特，在他的墓前有一块独特的纪念碑，以表彰他在微生物发现上的贡献。

最伟大的荷兰人——伦勃朗

▪ 1606 年 ~ 1669 年

《夜巡》被荷兰视为国宝，第二次世界大战时它被特意取出，放进山洞中保存了5年。现在，它被放置在荷兰国立博物馆二楼大厅正中的224号展厅。就是这样一幅珍贵的画，却曾经在1715年被阿姆斯特丹市政厅裁了边，1911年被一位青年用匕首连戳数刀，1975年又被一个精神病人泼了硫酸。就如同这幅画坎坷的命运一般，这幅画的作者也遭遇了人生的重要转折。这位画家便是伦勃朗。

磨坊里走出的艺术家

伦勃朗出生于荷兰莱顿的一个磨坊主家庭，他的父亲是磨坊主，母亲是面包师的女儿，家里一共有九个儿女，伦勃朗排行老八。伦勃朗自小聪慧，受到家里进步思想的影响，向往独立和自由。他少年时代便萌生了绘画的兴趣，但是当时画家的地位不高，大多数画家不过是卖画以糊口。于是伦勃朗14岁进入莱顿大学修法律。大概是受到艺术的感召，伦勃朗决定从学校退学，专心学习画画。到21岁时他已经基本掌握了油画、素描和蚀刻画的技巧并形成了独立的风格，开设了自己的画室招收学生。此后，

∧ 油画《老年伦勃朗自画像》

荷兰国立博物馆藏。伦勃朗的一生中创作了近百幅自画像，可以说详细记录了自己从青年到老年的整个人生，即便是去世的那一年，伦勃朗还为自己画了一幅自画像，每一幅自画像都是他人生经历的一段记载。

∧ 油画《犹太新娘》

荷兰国立博物馆藏。《犹太新娘》是伦勃朗后期最具代表性的作品之一。凡·高和他的
朋友参观至此画时，朋友没管他继续往前看，看了一圈回来发现他还在看这幅画，他
说："如果能在伦勃朗的画前坐上两个星期，哪怕找只啃硬面包，或是少活10年，我也
心甘情愿。"足见这幅作品的影响力之大。

他的一生都在作画中度过。

　　在现代人看来，艺术家一定要是才华横溢的天才，否则如何驾驭那些
普通人甚至无法欣赏的美？但17世纪的荷兰是一个绘画风潮泛滥的时代，
每个阶层的人家里都收藏着画。画家的数量很多，他们学习画画，不停地画，

然后将画作卖给他人。伦勃朗也不例外，他来到阿姆斯特丹也做着同样的事，他说这里生意很好。甚至有人推荐他去意大利进修，他拒绝了。但是伦勃朗没有满足于重复地作画，而是尝试着加入自己的灵感进行创作，从而自成一派，最终成为荷兰最伟大的画家，他使 17 世纪黄金时代的荷兰永远地留在了他的画作之中。

令人瞩目的画家

当时没有照相机，人们若是想留住自己肖像，只能找画师作画。各种同业公会也不例外，喜欢在协会悬挂集体成员像，如同今天的集体照片。1632 年，伦勃朗接到了阿姆斯特丹外科手术协会的订单。他没有像其他画师一样简单地将人物按照固定的模式排列在画布上，而是把 8 个人安排在一个解剖课现场中，图画中还有一具僵硬的尸体与活人相对照。这幅画使伦勃朗声名远播，之后的 10 年是伦勃朗人生的巅峰时期。他接到了源源不断的订单，还收了 20 多个学生。

1634 年，28 岁的伦勃朗与表妹莎士基娅结婚，女方的家族圈中有几个律师、一个教授、一个军官和一个市政府的书记官，他们给伦勃朗带来不少肖像画的订单，很快他就成了阿姆斯特丹最成功的画家。伦勃朗与莎士基娅的感情很好，他经常要求妻子做他的模特，他的作品中出现了许多他妻子的形象。

此时的伦勃朗沐浴在美好的人生中。他出手阔绰，收藏他人的绘画和珍玩古董，还买下了一座豪宅，他的家成了远近闻名的奢华博物馆。只有当时的阿姆斯特丹能让伦勃朗把这些钱大把地花出去，收藏这些奇珍异宝。

行于逆境中的天才

1642 年，伦勃朗的好运结束了。正如他的好运到来时一样，这次依旧是由于一幅集体画。订件人是国民卫队的大尉，他要求伦勃朗画下国民卫队白天巡逻的场景。伦勃朗依旧没有将人物一字排开，而是选择了大尉领着一帮人，在中午离开军械库去城墙边值日的场景。

这幅画中各部分的光比不同并形成强大的反差，整幅画无论是在光的处理上，情节的截取上还是场景气氛的营造上，都异常生动有力。这幅名叫《夜巡》的画后来被荷兰当作国宝。但是订件人们在画中所占比例不同，有些人不满足自己只是一片阴影，于是集体提出退件。结果事情闹到法院，伦勃朗的声誉一落千丈，找他订画的人越来越少，收入锐减，生活陷入拮据的状态。而更不幸的是，妻子也于此时离世。

至于为什么伦勃朗要按照自己的想法创作，他是这么解释的："我需要钱，所以我要拼命挣钱，但是，这只能使我成为一个很好的工匠。我不希望这个样子。这就是我后来按照自己的方式作画的原因。当然，我应该讲求实际，按照他们的要求去作画。但是，好多时候，我自己也曾偷偷地试过，而且狠下功夫地尝试过，但是我做不到，一点也做不到！这就是为什么我有些疯狂了。"

但生活并没有打算善待这位天才。他的后半生过得坎坷又辛苦。可是苦难给了他不同的人生经历，让他的创造走向了更高的境界。他的眼光开始转向了下层苦难的大众，他画了很多不为人知的人物。他晚年创作的一幅名叫《浪子回头》的油画，他年轻时也曾画过这一题材，却远没有晚年这一幅效果惊人。1669 年，伦勃朗与世长辞。

后世的人们为伦勃朗树立了一座纪念碑，是仿照《夜巡》中的一块纪念石而建的。现在，每天都有仰慕他的人从世界各地赶来为他献上一朵永不凋零的鲜花。

∧ 油画《夜巡》

荷兰国立博物馆藏。《夜巡》是伦勃朗最著名也是最引起争议的一幅作品，创作于1642年。像《夜巡》这样的集体肖像画，在当时的荷兰绘画中占有相当重要的地位。一般认为《夜巡》是描写民兵连夜半出巡、意气风发的精神面貌，所以《夜巡》这个名字已为人们普遍接受，然而，它的正式名称应该是《班宁·柯克上尉的民兵连》，描绘的不是夜间而是白天的景况。但由于伦勃朗强调光影明暗的画风，使这幅画完成之初给人以暗淡的印象，后为保存画面又涂上了多层凡尼斯，但多数的凡尼斯经过久远的年代后都会变质、变深，使画面更加灰暗。因此，不知从何时起，原本是白天场景的画面，竟然误认为是黑夜。第二次世界大战后，经过修复、清洗，才确认画面的景况是白天，但因为这幅画长期是以《夜巡》而闻名，就一直沿用至今。

VISIBLE
HISTORY OF THE
WORLD

关键词：风俗画／戴珍珠耳环的少女

荷兰风俗画大师——维米尔

▪ 1632 年～1675 年

　　维米尔是荷兰最伟大的画家之一。他的作品大多是风俗题材的绘画，基本上取材于市民的日常生活。他的作品画面温馨、舒适、宁静，给人以庄重的感觉，充分表现出了荷兰市民那种对洁净环境和优雅舒适气氛的喜好。他曾经被人忘却长达两个世纪之久，后来才被"发现"。18世纪的大多数传记作家都把他忽略了。到了19世纪，注意维米尔的人显然多了起来。自20世纪以来，研究维米尔的人就更多了。以前，他屈尊排在荷兰小画派之列。而今，他的地位扶摇直上，同哈尔斯和伦勃朗并列为荷兰三大绘画大师。

代尔夫特城里的画家

　　17 世纪的代尔夫特市是人文荟萃之地，是荷兰酿酒业、陶瓷业和纺织业的中心，也曾一度是政治中心。约翰尼斯·维米尔就出生在那里，他的父亲雷伊尼埃·维米尔是生产丝绸花边兼作画商的小商人。在约翰尼斯·维米尔出生的 9 年后，老维米尔在代尔夫特市买下了一个"米什兰"客店，就坐落在代尔夫特市中心广场附近。1652 年老维米尔去世后，维米尔便继承了"米什兰"客店及父亲经营的画廊生意。

维米尔的画在当时卖得并不算好，甚至在其死后的两三百年里都无人问津。1781年，著名学院派画家雷诺兹被维米尔的《倒牛奶的女仆》等画作深深地吸引住，于是维米尔开始得到官方的注意。1816年，维米尔被正式编入荷兰绘画史中，并与霍赫、麦兹、米耶斯齐名。关于维米尔的老师是谁到现在还是个谜，相对可信的就是现存唯一的文字资料，即来自印刷商人阿诺尔德为画家卡勒·法布瑞提斯所作的一首悼念诗。这首诗的背景是1654年，代尔夫特市发生了一起历史上著名的火药库爆炸事件，被房屋压死的人中就有卡勒·法布瑞提斯，而卡勒则是伦勃朗最有才华的学生之一。这首诗隐约告诉我们卡勒是维米尔的老师。不仅如此，维米尔这个时期的作品与卡勒的作品有着莫名的相似，此外维米尔还有几幅卡勒的作品，因而对其师承关系的推断是有一定道理的。

据推算，维米尔在卡勒画室学习的年纪大概是15岁。1654年12月29日，维米尔加入圣路加公会正式成为画师。这个公会是专门为画家签订售画协议的。1662年，维米尔被推选为圣路加公会主席，并担任过四任主席。1672年，法国入侵荷兰的战争

∧油画《读信的蓝衣女子》

荷兰国立博物馆藏。在这一幅画中，维米尔描绘了一位正临窗专心看信的女子，她神情专注、庄重大方，仿佛正在被信中的内容所吸引，她周围的一切都在沉静中消失而不复存在。这是一个普通的市民家庭，室内宽畅而简朴，仅有的帷帘、台毯显得质感厚重沉稳，具有一种崇高冷峻的美感。

打响，维米尔好不容易有起色的生意被迫中断，从此他不得不靠借贷为生。维米尔一生几乎都在代尔夫特市度过，并没有像其他非意大利画家那样出国去意大利深造。纵观维米尔的作品，我们不难看出他是一个内向而孤独的画家，他鲜明的个人风格的形成，早期是受多方影响的，其样式庞杂，几乎很少有自己的东西。维米尔不但向卡勒学到了抒情婉转的表达方式，又间接通过老师学到了伦勃朗的一些技巧，更丰富了他的创作技法和经验。不过维米尔没有仿造伦勃朗的一些技巧，反倒是打破了师祖的某些绘画理念，更专注于画面的细腻性和微妙感。早期的维米尔曾画过一些宗教题材作品，如《圣伯瑟蒂擦拭殉教者的血》和《玛莎与玛利屋里的基督》等，同类的宗教作品在他的中期与后期创作中几乎绝迹。维米尔在 17 世纪 50 年代的作品多具有质朴的特点，而 60 至 70 年代的作品则多表现出华丽的特色，但这不是巴洛克式的"华丽"，而是仍然具有世俗和生活特点的华丽。

1675 年，维米尔永远地离开了人世。关于他死亡的具体原因至今仍然是个谜。据其妻子凯瑟琳回忆说，她丈夫维米尔是因为经济上的压力和苦恼而不堪重负去世的。英年早逝的他抛下了妻子和十个未成年的孩子，还留下了一大笔债务。据档案记载，凯瑟琳迫于经济上的压力，为了能尽早把债务还清，她主动要求市政府接管包括绘画在内的维米尔的不动产。这些画中有 19 幅归于凯瑟琳名下，后来凯瑟琳卖出了几幅作品用来抵偿债务……

戴珍珠耳环的少女

2003 年，由彼得·韦伯执导，斯嘉丽·约翰逊、科林·费斯主演的爱情片《戴珍珠耳环的少女》上映，这部电影的主人翁就是荷兰画家维米尔，电影讲述了维米尔和女仆葛丽叶的爱情故事，而电影的灵感则来自维米尔的名作《戴珍珠耳环的少女》。

《戴珍珠耳环的少女》是维米尔肖像作品的集大成者，画面里的女主

人公是他当时年仅 14 岁的长女玛利亚。维米尔为在她头上围了一条土耳其风格的头巾，使她看上去更有异域风情。要知道，异国情调的作品在当时的西方因为具有猎奇性所以好卖。玛利亚侧倾着身体，嘴唇微微张开，明澈的双眸向观者望去，在以蓝色为主色的头巾和黄色衣服的映衬下显得青春十足而又有一丝依依不舍。这种既含蓄又惆怅的、似有似无的伤感表情在维米尔的笔下熠熠生辉。作为画面点睛之笔的珍珠耳环顿时让整幅画的颜色有了较为强烈与热情的韵律和节奏。这幅杰作被很多人拿来与达·芬奇的《蒙娜丽莎》相提并论，特别是少女的回眸把人物内心的彷徨、复杂与不知所措表现得淋漓尽致，而她面对观者为何会如此，这种情绪到底为何滋生只有留给观者去猜想了。

不得不承认，维米尔在《戴珍珠耳环的少女》中用色彩对光影的诠释可谓一绝。维米尔特别喜欢用蓝色和柠檬黄，在《戴珍珠耳环的少女》中，柠檬黄是作为少女头巾中的一小部分而出现的，并且是与蓝色结合在一起的。这种大胆的原色对比在过去并不是没有过，但像维米尔对颜色既纯又亮的运用则十分少见。当时大多数画家受文艺复兴艺术样式影响过深，颜色多用调配过的间色或再间色，即便步入巴洛克时代，像如此大胆使用色彩明度与纯度的还属少见。他们更多地专注于雅致、尊尚的画面感觉，害怕作品变得"粗俗""低级"。不过维米尔把纯色运用得恰到好处，《戴珍珠耳环的少女》头巾中的黄、蓝两色面积占画面比重都不大，尤其是柠檬黄这种极高调的颜色与占大比重的衣服统一了色系，这样使画面没有变得脆弱、易碎，也没有把作品拉到大红大绿的过于俗气中。

风俗画里的荷兰生活

维米尔作为荷兰最伟大的风俗画家，他笔下荷兰人日常的生活是最具魅力的主体，也是他最能打动世人的地方，《情书》和《倒牛奶的女仆》就是维米尔风俗画中的杰作。

∧ 油画《情书》

　　《情书》是维米尔 17 世纪 60 年代极为优秀的代表性作品。这一时期维米尔的作品相对过去要华丽得多。画面里女仆把刚刚收到的信送给正在弹鲁特琴的女主人，女主人的神情似乎显得有些意外，她停止了弹奏，手里拿着这封求爱信，在日光照射的华丽屋子里，主仆二人会心地对视一笑，

∧ 油画《倒牛奶的女仆》

荷兰国立博物馆藏。《倒牛奶的女仆》画面并不复杂，轮廓清晰，环境朴素，把一个简朴的厨房画得很有感情，甚至令人产生怀旧心理。女仆是个健壮的村妇，正在倒牛奶，她显然是安于自己的工作，脸上透出红润。该画为我们展示了那个时代人民普遍的精神面貌和心理特征。

仿佛女主人心中的惊喜被女仆尽收眼底，而女主人似乎也对女仆的传信行为和心知肚明抱有一种无奈而又期望的态度。画面中的情节并不复杂却十分具有戏剧性，在平常自然的生活中和安逸静谧的气氛下，人物的内心有时却充斥着激烈的斗争，这些表达方式与伦勃朗的风格有很大的相似之处。除了人物，维米尔还很精彩地描绘了室内的帷幕、扫帚、装衣篮等家具，把它们刻画得十分逼真、生动并富有质感，这些描绘实际上都源自尼德兰绘画传统。

《倒牛奶的女仆》也是维米尔创作全盛时期的一幅佳作。画中女仆的表情安详，心里平静。女仆从上衣到裙子用黄、蓝、红三原色搭配，形成原色对比。为了不显突兀，维米尔没有像《戴珍珠耳环的少女》那样处理得色彩分明，而是削弱了颜色的强度，降低了纯度，使画面变得更为古朴、典雅、庄重。整个布局上，左上角至右下角用明暗交界线人为地分开明暗两个部分，这里维米尔使用了自己颇为擅长的颜色、光影变化的技巧，虽然对比有些强烈但依旧被处理得十分和谐。桌子上所摆的东西虽处于暗部但光彩夺目，女仆的下身虽处于亮部但灰暗调深，可谓明中有暗，暗中有明，这就使整幅画变得节奏感十足，结构均衡。

维米尔是一个风俗画家，是一个阳光下的抒情诗人。他无意于情节上的大起大落和视觉上的冲击，而是着力从平实、庸常的生活场面中发掘诗意，以朴实真挚的抒情打动人心。维米尔被后世誉为"歌颂宁静生活的诗人"，他的作品以素朴的情感净化人类心灵，在平凡中展现出悠远的寓意和深刻的哲理，既通俗朴实，又神秘隐匿。维米尔细小而精湛的笔触，和煦与宁静的画面使其自成一家，并以此跻身于世界绘画大师之林。

哲学界的"叛逆者"——斯宾诺莎

▪ 1632 年~ 1677 年

"为真理而死难，为真理而生更难。"在斯宾诺莎逝世200周年时，文德尔班如是说。哲学上，斯宾诺莎是一名一元论者或泛神论者。他认为宇宙间只有一种实体，即作为整体的宇宙本身，而上帝和宇宙就是一回事。他的这个结论是基于一组定义和公理，通过逻辑推理得来的。斯宾诺莎的上帝不仅仅包括了物质世界，还包括了精神世界。

斯宾诺莎的童年

斯宾诺莎的先祖是从西班牙迁来的犹太人，他 1632 年 11 月 24 日出生于荷兰阿姆斯特丹。他的父亲迈克尔·德·斯宾诺莎是个成功的生意人，先后娶了 3 个妻子，斯宾诺莎是他与第二个妻子所生。

斯宾诺莎 6 岁时母亲就去世了，这给他心灵带来了巨大的创伤。不久父亲娶了第三位妻子，因此斯宾诺莎实际上是由继母带大的。稍微长大后，斯宾诺莎上了一所传统守旧的犹太教会学校，学校的职责是把孩子们培养成未来的拉比，因此生活上极为刻板。在学校里斯宾诺莎得到了两位教师莫泰勒拉比和伊色拉尔拉比的欣赏，因为斯宾诺莎在犹太经典之类的学习中表现出了极高的领悟力，令老人家既惊且喜，甚至公开宣称他将成为阿姆斯特丹最出色的拉比。

斯宾诺莎黏土像

离开学校后，斯宾诺莎进了父亲的商号帮忙，这时生意格外红火，父亲准备将整个事业交付给他。然而，斯宾诺莎最喜欢的不是做生意，而是哲学。他找到了一群年轻朋友，经常聚集在一起讨论哲学问题，这时他遇到了凡·丹·恩德。恩德先生在阿姆斯特丹开了一所学校，讲授拉丁文，斯宾诺莎进了他的拉丁文学校，学起了拉丁语。这时他遇到了恩德的美丽女儿，她聪明、博学、漂亮，斯宾诺莎爱上了她。终于有一天，他向她求婚了。

结果他遭到了无情的、甚至是轻蔑的拒绝，原因很简单，年轻的斯宾诺莎虽然不丑，但实在也谈不上英俊：他个子相当矮、皮肤相当黑，也没有百万家财，更重要的是，他是个犹太人，而姑娘是非犹太人。

这次求婚被拒对他打击很大，但真是福无双至、祸不单行，这时候他家的生意也惨败了，这是1654年的事。这令斯宾诺莎的父亲一蹶不振，整日愁眉深锁、郁郁寡欢。

宗教的"叛逆者"

前面我们说过，斯宾诺莎在犹太教会学校时曾是勤奋的学生和虔诚的犹太教徒，然而到了恩德先生的学校后，他的思想不知不觉改变了，变得对本民族的宗教不那么热衷了，反而开始阅读一些异族思想家例如宣传日心说的布鲁诺的作品。这样，他的思想也异端起来，还毫不隐讳地宣扬出来：他公开说他不相信人的灵魂不灭，说灵魂就像生命一样，生命完了，灵魂也就消灭了；还说压根儿没什么天使，所谓天使只是人的幻想。他甚至付诸行动：他不再履行犹太教各种仪式，包括神圣的安息日。

他的这些行动在犹太人中间激起了公愤。先是几个犹太长老找到斯宾诺莎，对他说，只要他在外表上保持对犹太教的忠诚，他们将给他一笔不菲的年金。这时候，斯宾诺莎家日见窘迫，这笔钱真是雪中送炭。

然而斯宾诺莎表现出了他那视金钱如粪土、视真理如常人视金钱的崇高品德，断然拒绝了。结果是，1656 年 7 月 27 日，他正式被开除教籍，大拉比向他发出公开而强烈的诅咒，其间有这样的话："……让他白天遭到诅咒，晚上也遭到诅咒；让他躺下遭到诅咒，站起来也遭到诅咒；出门遭到诅咒，进门也遭到诅咒。愿主永不再宽恕或承认他……任何人都不得同他交谈，任何人不得与他通信，不准任何人给他以帮助，不准任何人与他同住一屋，不准任何人走近离他四腕尺以内的地方，不准任何人阅读由他亲笔书写或口授的任何文件。"从这天起，他成了世界上最孤独的人，这是 1656 年，斯宾诺莎仅 24 岁。

他被迫从阿姆斯特丹市内迁到了郊区一个叫奥特德克的小镇，租住在一栋房子的阁楼。由于父亲已公开声明同他断绝父子关系，他再也没有经济来源了，只好自谋生路。他先在一所学校里做了一阵子教师，但不久又失业了，被迫改行做打磨镜片的工匠。斯宾诺莎在上犹太教会学校时学会了这门技术。

斯宾诺莎磨镜片的技术相当高明，完全可以靠它吃饭，但他只是偶尔磨磨，所挣的钱只够勉强维持生活，不致饿死而已。

匿名哲学家

在奥特德克住了 4 年之后，他搬到了莱茵斯堡，据说是因为房东搬到了这里，斯宾诺莎就跟着搬来了。

　　他在莱茵斯堡住了 3 年，从 1660 年到 1663 年，过着与世隔绝的生活，成天窝在那间极其狭小的阁楼里沉思与写作，这时他主要写了两本书：《笛卡尔哲学原理》和《理智改进论》。第一本书 1663 年在阿姆斯特丹问世，原文是拉丁文，一年后出版了荷兰文译本，这是斯宾诺莎用真名发表的唯一作品。

　　1663 年，斯宾诺莎又迁居到了海牙郊外的小城沃尔堡，从这时候起他开始全力撰写经典之作《伦理学》。不过他没有一口气地将《伦理学》写下去，两年之后便转而全力以赴地写另一本书《神学政治论》，它同《笛卡尔哲学原理》和《伦理学》一道并称斯宾诺莎三部最重要的著作。它也是斯宾诺莎的成名作，1670 年匿名出版，但瞒得了谁呢？从此他一夜成名。

　　由于书里有大量的异端思想，又涉及了当时敏感的政治问题，所以一经面世，诅咒与赞美一齐袭来，但他两方面都毫不为所动。

正直的斗士

　　就在《神学政治论》出版的这一年，斯宾诺莎由沃尔堡又搬到了海牙市内，他的好朋友荷兰三级议会议长约翰·德·维特邀请了他。

　　但两年后维特就在海牙街头被一伙被煽动起来的市民杀死了。朋友的死令斯宾诺莎伤心欲狂，他甚至想冲出去同那些暴民拼个你死我活，房东太太将他锁在房间里才没有去成。

　　这时的斯宾诺莎已经不再是碌碌无名之辈，他成了荷兰乃至整个欧洲的名人，许多人慕名而至，想一睹这位思想伟人的风采。听斯宾诺莎的一个传记作者说，斯宾诺莎这时候简直成了海牙的"名胜"，那些来海牙旅行的人纷纷把看看他住的房子当作一个旅游项目，千方百计想同他说上几句话。还有许多富翁官僚看到这位伟大的学者生活如此清苦，硬是要帮助他。例如有一个大富翁先是要给他一笔钱，但斯宾诺莎拒绝了，他又要在

∧ 蚀刻版画《斯宾诺莎在阿姆斯特丹受到暴徒的威胁》

遗嘱中将自己的全部财产送给他，斯宾诺莎当然不会要。最后在临死前，他还是在遗嘱中要送给斯宾诺莎一笔年金，斯宾诺莎又不要，后来在再三要求之下，只得要了一部分。后来连法国国王路易十四也听说了斯宾诺莎的大名，也想给他一笔年金，斯宾诺莎又拒绝了。

斯宾诺莎这时候也交到了一些出色的朋友，例如亨利·奥顿伯格，他是大名鼎鼎的英国皇家学会的秘书；惠更斯，一个杰出的科学家；冯·切恩豪斯，一个贵族；路易斯·迈尔大夫，还有那个富翁德·弗里斯等等。此外还有一个人，就是在学术上也许与斯宾诺莎同样伟大、但在品格上却远逊于他的莱布尼茨，他在斯宾诺莎这里住了整整一个月，却声称只见过一面，而且斯宾诺莎只给他讲过几件趣闻佚事。

最后，当 1672 年法国与荷兰兵戎相见时，法军统帅孔代亲王也听闻了斯宾诺莎的大名，去信请他往兵营一晤。斯宾诺莎也许是想乘此机会劝法国人与荷兰化干戈为玉帛，便在同荷兰政府谈过后，到兵营去了。这一去可惹了大麻烦，那些嫉恨他的人乘机大造谣言，说他去是要把荷兰卖给法国人。他回来后，便有一些市民鼓噪着要宰了他，他的朋友维特当初就是这么丢命的。

然而斯宾诺莎毫不畏惧，他是个哲学家，不会害怕死亡，而且他只是个哲学家，岂会害人呢！市民们明白过来，于是放了他。这时已经是1673年了，这年他41岁，对于普通人，这时正当壮年，是一生中精力最旺盛的时候，然而对于斯宾诺莎，他却已经是日薄西山了！他可怜的肺从来就不健康，磨制镜片时，那些玻璃粉末更进一步伤害了它，他变得一天比一天虚弱了。

人生的尾声

他一生中最后要记叙的一件事就是他那唯一一次可能从事他理应从事的职业——大学教授。就在他41岁这年，他得到了来自海德堡大学的邀请，请他担任哲学教授。说实在的，校方尽量地给了哲学以尊重，并且保证给他有"充分的自由讲授哲学"，如果信就此打住，说不定斯宾诺莎真的会去，然而它后面还带了个小尾巴，"深信你将不会滥用此种自由以动摇公共信仰的宗教"。这个小尾巴彻底打消了斯宾诺莎的主意，他回信说，对您的邀请真是不胜感激，只是"我不知道这种自由具体的极限在什么地方，所以也难以确保不触犯贵国公共信仰的宗教"。因此，"为了保持我所热爱的宁静生活，我不得不打消担任教席的念头"。拒绝做大学教授后，斯宾诺莎的生活又沉浸于一贯的宁静之中了。他继续沉思、写作，只是他的健康一天比一天坏，能沉思和写作的时间也一天比一天少了。

1677年2月21日，是个寒冷的日子。这时斯宾诺莎的肺已经被病毒彻底摧毁了，只是由于回光返照，在早上并没有迹象显出这是他最后的日子。这一天刚好是星期天，平时将他照顾得很好的房东看到斯宾诺莎似乎好一点了，就到教堂做礼拜去了。等他们从教堂回来时，他们看见哲学家的生命之光已经熄灭了。

黄金时代的绘画潮流

⊙历史场景绘画 ⊙肖像画 ⊙风景画

　　荷兰的黄金时代，也是荷兰绘画的黄金时代。随着市民社会的繁荣，人们对艺术的需求大大增加。在绘画主题上，黄金时代荷兰绘画的各种题材都达到了艺术的巅峰，历史故事、《圣经》故事、肖像画、风景画、静物，几乎每一个领域都有赫赫有名的画家和作品涌现出来，构成了荷兰绘画艺术的艺苑奇葩。

历史场景绘画

　　荷兰的黄金时代的历史场景绘画主要取材于《圣经》、神话、文学或历史的典型场景，这种类型的作品被认为是17世纪荷兰绘画的最高形式。在这些作品中，融汇了风景画、室内画、静物画和隐喻画等多种元素，这些元素的综合使用就要求画家必须具有深厚的基本功和高超的技法。历史题材画家的代表人物是伦勃朗，从主题到叙述再加上强烈的心理活动，构成了这一派画家独特的绘画叙事风格。在明暗对比和背光效果上，这一派别往往会借助上述技法烘托中心主题。伦勃朗的追随者包括霍弗特·弗林克、威廉·德·普特、阿特·德·盖尔德等人。此外，还有一派是被称为荷兰古典主义的画派，这一派的代表人物包括雅各布·范·坎彭、彼得·波斯特、恺撒·范·埃弗丁恩等人。

肖像画

    17世纪的荷兰，随着资产阶级和贵族的崛起，制作肖像画在当时十分普遍，肖像被认为是身份的象征，是一个人去世之后唯一可以留下来的东西，在家庭中可以流传几代人。这一时期的肖像画通常是委托定制的，因此画家们为了获得订单不惜激烈竞争各炫绝艺，从而将肖像画的创造推向了一个新高度。

    这一时期肖像画的代表画家是伦勃朗和弗兰斯·哈尔斯。他们的作品被当作是黄金时代肖像画艺

▲ 油画《以撒祝福雅各》

荷兰国立博物馆藏。霍夫特·弗林克绘制。这幅作品是弗林克的代表作。作为伦勃朗的学生，弗林克的作品有着浓郁的伦勃朗的痕迹，以至于弗林克的许多作品被认为是伦勃朗的作品，足见其功底之深厚。

术创新的典范。尤其是哈尔斯，其作品充满活力，他创造了一种松散、甚至粗糙的风格来表现对象的休闲姿势和面部表情。而最富成效的肖像画家则是米歇尔·凡·米勒韦尔特，他是奥兰治家族的御用画家，绘制了数百幅关于莫里斯的肖像作品。在米勒韦尔特的工作室里面，有大量的没有绘制头部的半成品，如果有人要画肖像，他只需将头部画好即可。因为这个原因，米勒韦尔特的工作室被称为"肖像工厂"。这一时期的肖像画最独特的地方莫过于头像、自画像和群像。最特殊的是一种新的体裁集体群像，其绘画对象往往是一些行会成员、科学社团、家庭以及民兵，画像中的每　个人都要负担作品的费用。这其中最具代表性的群像作品就有伦勃朗的《夜巡》《尼古拉斯·图普的解剖课》以及哈尔斯的《这个弱小的连队》。

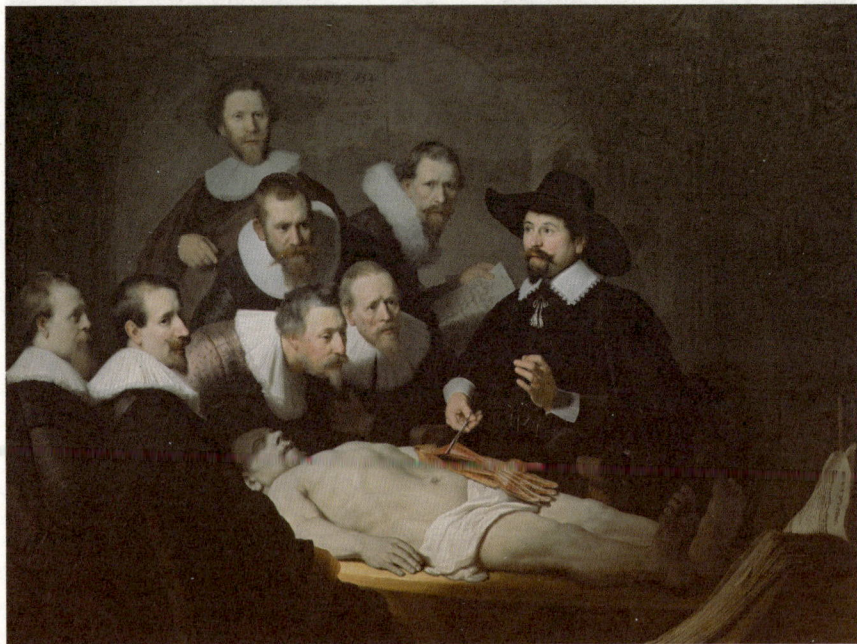

▲伦勃朗油画《尼古拉斯·图普的解剖课》

▲ 梅因德尔特·霍贝玛油画《林荫道》

风景画

　　17世纪初期荷兰的风景画深受16世纪弗兰芒风格的影响，尤其是勃鲁盖尔风格的影响。此后逐渐改观，尤其是17世纪20年代之后，荷兰的风景画开始更加专注于自然景物的真实描写，透视手法、水平和对角线构图使得作品饱含张力。到了17世纪中期，荷兰风景画的发展更进一步，构图的表现力更加强烈，尤其是通过强烈的明暗对比来表现自然，一些独特的元素如多云的天空、古树、磨坊等反映了荷兰本土风格。而河流景观、广阔的洪泛平原、帆船、城市轮廓、沙丘以及冬季风光都是荷兰风景画的常见题材。风景画的代表画家有扬·范·古耶、阿特·范·德尔·尼尔、梅因德尔特·霍贝玛等。

第四章

争霸海洋的岁月

荷兰人倚仗"海上马车夫"的威名在各大洋来往穿梭，早已引起了英国的嫉恨，争霸海洋成了英国和荷兰之间不可避免的事情。数次英荷战争虽然各有胜负，但是长时间的消耗早已让黄金时代积累的财富化为乌有。而虎视眈眈的法国对荷兰发动的战争，几乎让荷兰濒临崩溃。随着海上硝烟的散去，荷兰逐渐回转到本土，但无复往昔的辉煌。

关键词：郁金香 / 投资泡沫

郁金香狂热

▪ 1634 年 ~ 1637 年

对现代人来说，郁金香只是一种普通的观赏植物，但在400年前的商业革命时期，却曾经风靡整个欧洲大陆，并在荷兰掀起一场经济狂热。在一场疯狂的炒作之下，郁金香市场形成巨大的投机泡沫。作为人类历史上有记载的最早的投机活动，荷兰的"郁金香泡沫"昭示了此后人类社会的一切投机活动，尤其是金融投机活动中的各种要素和环节：对财富的狂热追求、羊群效应、理性的完全丧失、泡沫的最终破灭和千百万人的倾家荡产。郁金香效应也让人们第一次领略了大众的集体疯狂和投机引起的社会悲剧。

初入荷兰

郁金香起源于地中海沿岸及中亚西亚，在土耳其，它是身份地位的象征。土耳其苏丹的儿子于 1389 年在科索沃的黑鸟荒原与塞尔维亚人作战的时候，铠甲下就穿着一件绣有郁金香的棉布衬衣。不过直到 16 世纪，信奉基督教的那部分欧洲领土上才出现了第一株郁金香。1562 年，安特卫普的一个商人从君士坦丁堡运出的一船衣料中发现了一些郁金香。由于被误认为是洋葱，大部分郁金香被剁碎了用于烹饪，不过有一些还在厨房的

∧ 油画《静物：郁金香》

荷兰国立博物馆藏。汉斯·伯兰格尔绘制。伯兰格尔绘制的郁金香正是郁金香狂热时期的名品"永远的奥古斯都"，它的颜色是白色的，在蓝色的底部有着深红色，在顶部正中央，有着一朵没有绽开的火焰。1637年2月，一枚"永远的奥古斯都"的售价曾高达6700荷兰盾。这一价钱，足以买下阿姆斯特丹运河边的一幢豪宅。

菜园中被保存了下来，并在第二年春天开出了美丽的花朵。此时，郁金香还只有一小批爱好者。

一开始，郁金香只是在花卉爱好者圈中受到欢迎，可是由于它的罕见，很快就成了人们渴求的目标，不久以后第一株郁金香就被从莱顿大学的植物园中偷了出来，到了 1621 年，郁金香已经长得非常繁盛。美丽的郁金香吸引了许多新富阶层。比谁家花园里的郁金香最美最壮观，成为这些暴发户攀比炫富的重要方式，郁金香则被他们誉为"友谊之花"。拥有郁金香花园自然昂贵，但要保持郁金香花园的姹紫嫣红更加奢侈和不易。

荷兰省沙丘附近的沙质土明显适于这种花卉的栽种。小农们开始栽培郁金香，很多老板们甚至将买卖郁金香作为副业。郁金香的花期很短，为了尽快将货物卖出去，商人们就编纂出商品目录，表明他们有许多品种可以出售。天然郁金香在红的程度上存在不同，这一点直到 20 世纪才被科学家指出，这是由于郁金香的球茎感染病毒所导致的。而当然的人们却将这种畸形品种当作罕世珍品，一一放到市场上出售。

郁金香神话

一开始，郁金香和其他花卉一样，都是由花农种植并直接经销的，价格波动的幅度并不大。从 1634 年开始，郁金香引起了投资者和投机者的注意。在此之前，很多荷兰人已经通过投资东印度公司商船获得了极大暴利，对他们来说，郁金香比那些商船似乎更加奇货可居。投资与投机之间往往并没有明显的区别。郁金香热潮从阿姆斯特丹扩展到周边城市，对一夜暴富的渴求让更多人投身其中。郁金香交易愈演愈烈，其价格也随之上涨，到 1635 年，许多人就愿意以 10 万荷兰盾的高价购买 40 枝郁金香花，尤其是一些珍稀品种，价格更是高得不可思议。"1636 年，一棵价值 3000 荷兰盾的郁金香，可以交换 8 只肥猪、4 只肥公牛、2 吨奶油、1000 磅奶酪、1 个银制杯子、1 包衣服、1 张附有床垫的床，外加一条船。"到

^ 水彩画《郁金香品鉴》插图

荷兰国立博物馆藏。在郁金香狂热的年代，各种珍贵的郁金香被制作成图谱编辑发行，而且其制作品相极其高档。像这本《郁金香品鉴》就是用羊皮纸制作的，所有的插图是水彩绘制，并有自己的品名。图中的三种郁金香其品名从左至右依次为：诺维特、圣彼得和海军上将波特拜克。

1637 年，郁金香的价格已经涨了整整 59 倍。

随着郁金香的价格飞涨，越来越多的投机商选择大量囤积，待价而沽，在价格低时买进，价格高时卖出，从中获取巨额利润。许多人在一夜之间就成为百万富翁。一夜暴富的神话让人们争先恐后地涌向郁金香市场，就像蜜罐上的苍蝇一样密密麻麻。谁都相信，郁金香热将永远持续下去。无论是贵族、市民、农民，还是工匠、船夫、随从、伙计，甚至是扫烟囱的工人和旧衣服店里的老妇，都加入了郁金香的投机。无论处在哪个阶层，人们都将财产变换成现金，投资于这种花卉交易。

到 1637 年年初，郁金香交易达到了白热化，投身其中的人们已经丧失最后的理智。这种疯狂的高峰期持续了一个多月。由于许多郁金香合同反复易手，现货与期货的交割变得困难重重；当最后一

∧ 油画《郁金香狂热讽刺画：愚人的货车》

荷兰哈勒姆弗兰斯·哈尔斯博物馆藏。亨德里克·波特绘制。这是一幅讽刺郁金香狂热的寓言画。画面中手持郁金香的美艳花神和三个饮酒的男子、一个称量金钱的女人以及一个领路的双面人坐在车上，车后是抛弃了纺织工具的哈勒姆织工，远处的一艘船已经开始沉没。画家用隐喻的手法告诫人们郁金香这辆财富之车必然沉没。

个手持合同的人向前一个卖主讨债时，这个人只得再向更前面的人索债。整个郁金香市场顿时从一片狂热的天堂变成逼债逃债的地狱。

被吃掉的郁金香

当荷兰陷入一片郁金香热中无法自拔时，英国的工业革命还没有发生。在富得流油的荷兰人眼中，英国人都是毫无见识的穷光蛋。当时荷兰流传着一个笑话，说一个英国船员居然不认识郁金香，把船主花 3000 金币从交易所买来的郁金香球茎当成洋葱，愣是一层层剥开，就着熏鲱鱼吃进肚子。

从这个不是笑话的笑话中，人们似乎听出了真相。当人们意识到这种投机并不创造财富，而只是转移财富时，总有人会清醒过来。一个无法考证的"偶然事件"引发了一场暴风雨的来临。

直到今天，这一切仍是整个世界金融史上最大的悬案。根据记载，1637 年 2 月 4 日上午，荷兰的郁金香交易仍像以往一样火热，没有人知道是谁第一个将自己的郁金香合同全部清空，就在这一刻，郁金香交易的多米诺骨牌突然被推倒。随之而来的是所有人争先恐后地抛售自己手中的合同，谁也不想成为最后一个傻瓜。一时间，炙手可热的郁金香变成了烫手的山芋，没有人再去接手。从来见涨不见落的郁金香价格一泻千里，转眼间就暴跌到原来价格的 1% 不到。交易所里，人们歇斯底里地叫骂，整个阿姆斯特丹陷入末日般的恐慌。

至此，曾经繁荣似锦的"郁金香泡沫"宣告彻底破灭。许多在郁金香交易的高峰期跳出贫困生活的人，现在又重新被抛了回去，而过去的富翁现在则沦为乞丐，那些世袭贵族也在这场浩劫中倾家荡产。许多人因为高价购入郁金香而血本无归，跳河自杀。在一片哀鸿遍野的惨痛中，荷兰政府于 1637 年 4 月 27 日下令终止所有郁金香合同的交易。

这场"郁金香狂热"被现代经济学家当作"博傻理论"的最佳案例。虽然人们大多都知道郁金香球茎的价格早已远离其真正的价格，但是他们宁愿相信别人会比他们更傻。但无论如何，投机狂潮也不可能永远持续下去，最后来不及退场的就是最大的"傻瓜"。

郁金香事件沉重打击了举世闻名的阿姆斯特丹交易所，使荷兰经济陷入崩溃的边缘，荷兰这个强盛的殖民帝国由此开始走向衰落，欧洲经济中心逐步向海峡对岸的英国转移。讽刺的是，在郁金香热过去一个世纪之后，荷兰人再次因为一种叫洋水仙的植物而疯狂，并重蹈了"郁金香泡沫"破灭的悲剧。

第一次英荷战争

- 1652 年 ~ 1654 年

　　1652年～1654年的英荷战争是英国与荷兰在17世纪为争夺海外贸易和航运霸权所进行的的三次战争中的第一次。该战争的根源在于双方之间不可调和的贸易矛盾。1651年英国《航海条例》的颁布是这场战争的导火线。第一次英荷战争迫使荷兰接受了英国《航海条例》的限制，表明英国开始全面走上争夺海洋霸权和建立世界贸易帝国的道路。不过，第一次英荷战争只是英荷两国争夺海洋和商业霸权的开端，并没有根本解决两国之间的政治和经济矛盾。

矛盾重重的荷兰与英国

　　荷兰在 1581 年脱离西班牙宗主国统治之后，依靠荷兰东印度公司、阿姆斯特丹银行及庞大的船队三根支柱，资本主义经济获得迅速发展。至 17 世纪上半叶，荷兰已是"卓越的资本主义国家"和"商业和金融资本主义的典范"。荷兰的经济发展主要依靠的是发展转口贸易。与贸易发展相适应的是极负盛名的造船业，仅在阿姆斯特丹就有几十家造船厂，全国可以同时开工建造几百艘船，而且船只造价比技术先进的英国还要低 1/3 到 2/3，所以荷兰很快就成为欧洲的造船中心。至 17 世纪中叶，荷兰凭借自

∧ 荷兰三桅船模型

荷兰国立博物馆藏。在荷兰国立博物馆保存了大量的各种各样的帆船模型，这些帆船的原型都是17世纪荷兰作为"海上马车夫"驰骋大洋的利器。在17世纪上半叶，高度发达的造船业为荷兰商人和海军提供了许多船只，这些船只为荷兰运回了巨额财富，荷兰称霸海洋的野心日渐膨胀。

身的优势取得了贸易上的经济成就，它不仅拥有一支世界上最大规模的商船队，商船吨位相当于英、法、葡、西四国的总和，是英国的3倍；而且利用庞大的商船队和军事力量，抢占了从非洲到东印度群岛的殖民据点，控制了欧洲和远东大部分贸易。

荷兰贸易与航运的发达离不开强大的海军力量。自16世纪后期以来，海军的作用变得越来越重要。为了摆脱西班牙的控制并开拓新的市场，荷兰的海军得到了长足发展。1639年，荷兰海军成功地拦截西班牙海军统帅奥昆多率领的一支由77艘西班牙和弗兰芒大型战舰组成的船队。此次海战迫使西班牙最后放弃了征服荷兰的企图，同时也为荷兰赢得了海上强国的声誉。

17世纪上半期，荷兰的航海、殖民优势，特别是在海上贸易的垄断权，对英国的商业发展与殖民扩张是一个直接的威胁。在东方，英国东印度公司由于受到荷兰人的排挤，活动受到了限制。在西方，由于荷兰船只封闭了同波罗的海诸国的贸易，造成英国造船业严重缺乏其所必需的木材、大麻、树脂等原材料。此外，在北美殖

> 油画《荷兰捕鲸船》

荷兰国立博物馆藏。亚伯拉罕·斯托克绘制。画面中，三艘荷兰捕鲸船停靠在北冰洋的浮冰之间，船员们正在捕获鲸鱼和驱赶北极熊。在17世纪的欧洲，对鲸油的需求急剧上升，因此荷兰的捕鲸业在高额利润的刺激下迅猛发展。

民地，在地中海和西非海岸，英国势力到处受到荷兰人的排挤。最令英国人不能容忍的是，荷兰竟然在英国附近水域肆意捕捞鱼虾等水产品，甚至还把这些水产品运往英国市场上高价出售，牟取暴利，直接破坏英国的捕鱼业。英荷两国在海上贸易、争夺殖民地和捕鱼业上的矛盾，致使两国关系急剧恶化。

英国《航海条例》的颁布

1649 年至 1659 年，克伦威尔远征爱尔兰和苏格兰取得重大胜利，爱尔兰和苏格兰实际上已并入英国，英国的经济和政治实力大大加强。同时，国内的相对稳定也使英国获得了调整外交政策的最佳时机。尤为重要的是，此时克伦威尔拥有了与荷兰相对抗的有效工具：一支强大的海军。英国海军力量的长足发展，为英国实施新的殖民扩张政策，争夺海上霸权奠定了基础，英国对荷兰的态度也变得强硬起来。

英国开始通过经济手段排挤荷兰人的贸易和航运以增加英国的份额，同时加强对英属殖民地的经济控制。1651 年 8 月 5 日，克伦威尔向议会提交了《航海条例》。它涉及宗主国和殖民地互相关系方面最尖锐的问题，即殖民地和外国人的贸易自由问题。虽然《航海条例》原文中既没有提到联合省，也没有提到荷兰，但是它的实际矛头却是一目了然的。《航海条例》的颁布不可避免地导致两个商业贸易强国之间发生商业战争，因为当时的荷兰是英国实施《航海条例》的主要甚至是唯一的障碍。荷兰的经济结构决定了荷兰不需要战争，尤其是与英国的战争。所以，荷兰一方面表示拒绝接受英国的《航海条例》，另一方面并未放弃与英国谋求妥协的努力。1651 年 12 月底，荷兰派出的外交使团抵达伦敦，恢复了原先中断的荷英谈判。当谈判正在进行时，荷英两国的军事冲突就已经发生。从 1650 年到 1651 年，两国间的海上冲突逐渐增多，英国海军甚至强迫在海上与它们相遇的荷兰军船和商船降旗向英舰致敬。

战争爆发

　　1652 年春，荷兰海军上将马尔腾·特罗普率 42 艘为荷兰东印度公司商船护航的舰队驶入英吉利海峡，并于 5 月 29 日在多佛海面与英国将领布莱克统帅的英国舰队相遇。英军要求荷兰海军向英国国旗致敬，但遭到拒绝，于是双方展开了长达 4 个小时的激烈炮战。结果，荷兰人损失了 2 艘战舰，布莱克的旗舰遭受损伤，第一次英荷战争由此拉开了序幕。对于这场战争，一位即将离任的荷兰驻英外交官说："英国人即将袭击一座金山，而我们即将袭击一座铁山。"这样的忧虑不无道理。但是狂热的海军却信心满满，以为胜利唾手可得。

　　英荷双方在两国海域、地中海、松德海峡和印度洋同时进行战斗。英国深知，荷兰人的生存之本在于海上贸易和渔业生产。于是，布莱克指挥英国海军大肆洗劫荷兰商船，甚至远离军港到北海袭击荷兰的捕鱼船队，去苏格兰北方拦截荷兰东印度公司的运宝船，入波罗的海破坏荷兰与北欧的海上贸易。英国的战术十分奏效，使成千上万只满载货物的荷兰商船在港内而不敢擅自出港。

∨ 油画《荷兰海军上将马尔腾·特罗普肖像》荷兰国立博物馆藏。扬·利文斯绘制。特罗普是在斯海弗宁恩海战中被英国人的狙击手射杀的，这是第一次英荷战争期间荷兰牺牲的最高将领。荷兰诗人约斯特·范·登·冯德尔写下了一首《海的英雄》来纪念特罗普，这首诗在荷兰民众中流传甚广。

12 月 1 日，特罗普亲率舰队出海，护送了 300 余艘荷兰商船前往大西洋。
12 月 10 日，布莱克率领的英国舰队在邓杰内斯附近与之展开海战，英军
损失惨重，被迫退入泰晤士河。

从总体上看，战争开始阶段，荷兰拥有海上优势，但是战局很快就朝
着有利于英国人的方向发展。为了战争，英国的全部税收供给军用，泰晤
士河的船坞每日都在紧张地建造军舰，使英国的海军数量及火力配置完全
优于荷兰海军，而且英国在战术上也有长足的改进。英国海军在 1653 年
编制的《舰队战斗队列改进条令》大大提高了英舰队协同作战、相互保护
的能力。布莱克还制定了英国海军的第一个纪律条令，提高了军队的战斗
力和士气。

相反，荷兰由于地理上的限制，商船的运输成为其经济发展的命脉，
每日大量商船队经过英吉利海峡，都必须有海军战舰的护航，这大大牵制
了海军的力量，战斗力明显受到削弱。而且荷兰的战术陈旧，不能适应新
形势下战争的实际。荷兰的战术是当在海上遭遇敌船时，采取抢占上风方
向向敌舰逼近，然后登上敌舰进行肉搏战。舰队行动时分成小队，依次向
敌船逼近，以避免战舰相互碰撞。这种战术缺乏灵活性并容易导致指挥混
乱，难以实现战略目标。

1653 年 2 月，当获悉特罗普将率 80 艘战舰护送 200 艘商船通过英吉
利海峡返航荷兰的信息后，布莱克立即率领英国战舰追击。2 月 28 日开始，
双方在波特兰岛附近展开三天的海战，英军重创荷军，并封锁荷兰海岸。
此战对英国来说取得了对荷兰人的决定性的胜利。8 月，荷兰海军企图合
击英军，双发爆发了斯海弗宁恩海战，虽然荷兰取得了胜利，但是海军上
将特罗普在海战中牺牲，损兵折将的荷兰已无力继续进行战争。

战争的终结

战争使双方都付出了沉重的代价。战争开始后的两年时间里，荷兰被

∧ 油画《1653年3月14日利沃诺海战》

荷兰国立博物馆藏。雷尼尔·诺姆斯绘制。利沃诺海战是荷兰和英国在意大利的利沃诺附近的一场小规模海战，这场海战的结果是荷兰人取得了胜利，从而控制了地中海的贸易。

英国俘获的商船有 1700 艘，海军水手死伤不计其数。特别是英国的封锁，使荷兰的粮食、肉类供应中断，社会矛盾激化。

从 1653 年 6 月起，英荷之间的谈判已在伦敦秘密进行。整个谈判历时一年，但是双方分歧太大，谈判进展缓慢。为使谈判取得进展，1653 年 11 月，克伦威尔两次亲自主持谈判。克伦威尔终于放弃了使两国合并的顽固企图，提出一个英荷之间建立"和平、同盟和联盟"的新的方案作为英荷谈判的基础，从而使谈判有了重大转机。克伦威尔希望能够与荷兰促成攻守同盟，将荷兰完全纳入英国对外政策的轨道，因而新方案闭口不谈贸易及谈判国双方在海外各国的相互关系，而着重强调保持航海条例的效力。但是这一点也遭到荷兰的婉言拒绝。在荷兰看来，对外贸易是其支柱，它更为迫切地需要是和平与中立而不愿盲目地被捆在英国的战车上。对此克伦威尔很感失望，但也并未采取进一步的激进措施。这反映出当时的荷兰虽然遭到沉重打击，但并未大伤元气。而英国在经过长期的内战外战之后，不仅尚无完全的实力彻底击垮荷兰，而且也需要利用和平发展经济和进行殖民扩张，克伦威尔的调整仅仅是个开始，英国谋求商业帝国尚有很长的路要走。

1654 年 4 月 15 日，英荷双方签订了《威斯敏斯特和约》。条约规定：（1）双方实现和平。荷兰人不得同欧洲以外的英国岛屿和殖民地通商，英国也不得同欧洲以外的荷兰岛屿和殖民地通商；（2）荷兰必须惩办在安汶岛

∧ 油画《1653年8月10日斯海弗宁恩海战》荷兰国立博物馆藏。扬·阿布拉哈姆茨·贝尔施特拉滕绘制。画面再现了斯海弗宁恩海战的情景，画面正中是海军上将特罗普乘坐的旗舰"布雷德罗德"号与英国海军司令蒙克的旗舰"决议"号之间的对决。

杀害英国人的罪犯；（3）成立两国代表组成的混合仲裁委员会，以确定
1611 年至 1652 年 5 月 18 日之间在世界范围内相互造成的损失，并限期
做出裁决；（4）在对受难者不给予法律保护的情况下，可以发给私掠船
合法证书。该条约附加的秘密条款（即《排除法案》）规定，荷兰声明不
选举奥兰治亲王为荷兰执政。和约的签订标志着第一次英荷战争正式结束。

VISIBLE
HISTORY OF THE
WORLD

关键词：洛斯托夫特海战／四日战役／奇袭查塔姆

第二次英荷战争

- 1665 年～ 1667 年

第二次英荷战争是英国和荷兰共和国之间为海洋争霸和贸易纠纷而爆发的战争，英国试图终结荷兰对世界贸易的控制。虽然英国人一开始取得了胜利，但战争以荷兰人的胜利告终。第二次英荷战争并没有解决英国和荷兰之间的矛盾，在这样的背景下，英国与荷兰依然存在着战争风险。

第二次英荷战争的序曲

第一次英荷战争于 1653 年 8 月随着英国在斯海弗宁恩战役中取得胜利而结束。虽然英国人在第一次英荷战争中赢得了多次海战的胜利，并摧毁了大量荷兰船只，但他们未能赢得这场战争。相反，荷兰的财政状况比英国更好，因此荷兰人可以继续扩充他们的海军舰队，以弥补战争中的损失。从商业角度来说，英国贸易体系是以关税为基础的，而荷兰体系则建立在自由贸易基础上。荷兰的商品在世界范围内更具吸引力。在战争结束之后，荷兰自由贸易进一步扩大，而英国仍然饱受关税制度的困扰。在这种情况下，再进行一场战争已经不可避免。

荷兰一直都在卧薪尝胆，寻求重夺制海权的时机。此时，德·鲁伊特

∧17世纪阿姆斯特丹海军部铸造的大炮

荷兰国立博物馆藏。这个火炮长3.31米，重400千克，可以发射18磅重的固体炮弹，是荷兰海军部专门为荷兰海军铸造的大炮。整个大炮由青铜铸造，在炮身上装饰着葡萄松鼠图案，在炮身后部铸有王冠、美人鱼和海豚组成的海军纹章。操作这门大炮需要八名成年男子。

海军上将成为荷兰海军统帅，他励精图治，改组海军，并重整了海军的战略思想，即以海军主力寻求与英国舰队决战的机会，夺取制海权。在这种战略思想的指导下，荷兰加紧建造大型战舰。至1664年，海军已拥有103艘大型战舰，火炮4869门，官兵21631人。而在英国，斯图亚特王朝复辟。为了改善局面，查理二世一方面颁布更为苛刻的《航海条例》，在海外对荷兰殖民地展开攻势。另一方面，授予英国海军"皇家海军"的称号，并任命自己的弟弟约克公爵詹姆士为最高指挥官。

重整旗鼓的英国，率先发起了挑战，1663年，英国得寸进尺，组织"皇家非洲公司"开始进攻荷兰在非洲西岸的殖民地，企图从荷兰人手中夺取一本万利的象牙、奴隶和黄金贸易。1664年4月，一支英国海军远征队占领了荷兰在北美的新阿姆斯特丹，并将其重新命名为纽约。忍无可忍的荷兰开始采取行动，1664年8月，德·鲁伊特率领8艘战舰收复了被英国占领的原荷属西非据点；1665 年 2 月 22 日，荷兰正式向英国宣战，第二次英荷战争爆发。

战争进行时

两国虽然宣战了，但是战争并没有立刻打响，原因很简单，当时正值冬季，不适宜海战进行。直到第二年春天，双方才正式交战，其中最激烈的海战是发生在 1665 年 6 月的洛斯托夫特海战。

1665 年 6 月 13 日，双方舰队在英格兰东海岸外的洛斯托夫特相遇，战斗随即打响。一开始荷兰处于有利的顺风位置，但指挥系统未能掌握时机主动攻击。等到风向改变之后，荷兰舰艇才顶风攻击。双方列阵齐射不久，队形就开始散乱，继而转入混战。在激战中，荷兰旗舰"伊恩德纳赫特"号被击中弹药库，发生爆炸，两位舰队指挥官沃森纳尔和奥布丹双双阵亡。旗舰上 409 人仅有 5 人获救。之后，荷兰巨舰"奥兰奇"号遭俘虏，被焚毁。荷兰船只纷纷溃逃，损失惨重。在这次战役中，荷兰至少损失了 17 艘战舰、3 名海军上将以及兵士 4000 多人。英国方面仅损失了 2 艘战舰和 800 多名水兵。荷兰人指挥系统的失误以及旗舰的过早损失给了英国获胜的机会，但英国火炮射程远与海军战术水准高都是不可忽视的原因。

洛斯托夫特海战后，英国舰队向北欧进发，企图俘虏停在挪威卑尔根港内的 70 艘荷兰商船，但被荷兰人击退。1665 年 8 月 6 日，德·鲁伊特返回荷兰，临危受命统率全国海军。他率领荷兰舰队驶往挪威，护航停在卑尔根港内的商船队回国，其中仅有 10 艘因为风浪掉队而被英国海军俘获。1665 年的下半年，德·鲁伊特依靠出色的指挥艺术，游弋于英吉利海峡、巡逻于泰晤士河口外，有效地保护了荷兰的对外海上贸易。但是英国的战略优势地位仍然存在，荷兰仅仅是处于只能维护交通线的被动态势。

当 1665 年冬天到来的时候，双方进入了休战期。第二年春天，形势发生了急剧变化。首先黑死病再次席卷英国，这场瘟疫让英国付出了惨重

的代价。其次，荷兰和法国、丹麦结成了反英联盟，法国、丹麦为荷兰提供了大量的援助。虽然法国并未参战，但是为了防止法国有所行动，英国皇家海军不得不拨出 20 艘战舰防御法国，英国的海军力量由此削弱，逐渐丧失了优势。从 1666 年 6 月开始，双方连续展开了多次海战，互有胜负。但到了 8 月，英国最终重新掌握了制海权。

四日战役和圣詹姆斯日之战

双发打的第一场就是四日战役，从 1666 年 6 月 11 日至 14 日，双方在海上鏖战了四天，是海军史上历时最长的战役。6 月 11 日，荷兰海军的 84 艘战舰在德·鲁伊特的率领下出击，英国舰队则由阿

∧ 油画《在洛斯托夫特海战中阵亡的荷兰海军将领奥克·斯泰令威孚肖像》

荷兰国立博物馆藏。路德维希·范·德尔·赫斯特绘制。这是一幅斯泰令威孚的半身像，他坐在椅子上，身旁的桌子上放着装饰着羽毛的头盔、指挥棒、银币和珠宝等，他的左手放在一颗炮弹上，暗示着他被炮弹击中身亡。

∧ 油画《四日海战》

荷兰国立博物馆藏。威廉·范·德·维德绘制。作为第二次英荷战争中规模最大的海战，战后双方都坚称自己取得了胜利，这样的说法对于英国而言只不过是为了鼓舞士气而已。因为当时的英国面临的最大问题是其财政已经无法维持战争所需。

尔比马比尔公爵蒙克率领，由于之前拨出了20艘战舰，蒙克的舰队仅有78艘战舰防御法国。蒙克原本是作为防御法国的前敌舰队的预备队，没想到他一出发就撞上了荷兰舰队，激战在所难免。在第一天的战斗中，荷兰舰队率先占了上风，甚至包围了蒙克舰队。战至黄昏，英国"绥夫狄秀尔"号战舰遭俘，"亨利"号重创，舰队司令贝克利阵亡。第二天，英国舰队率先发难，双方打成僵局。而到了第三天，英国舰队仅有30艘战舰可以参战，蒙克被迫西撤。不幸的是英国先头舰队旗舰"皇家亲王"号被荷兰舰队包围，舰队司令阿依斯秋投降，战舰被焚毁。6月14日，双方展开决战，虽然荷兰舰队投入了全部兵力，但是并没有全歼英国舰队。英国舰队在大雾的掩护下逃离，四日海战就此结束。

到了7月份，重整旗鼓的英国皇家海军在蒙克的率领下重返战场，一场规模不大的古德温海战在7月1日打响，双方鏖战数日，打成平手。到

∧ 油画《俘获英国旗舰"皇家亲王"号》

荷兰国立博物馆藏。威廉·范·德尔·维尔德绘制。在四日海战的第三天，英国皇家海军旗舰"皇家亲王"号在一处沙洲意外搁浅，被荷兰海军将领科内利斯·特罗普俘获。特罗普将"皇家亲王"号上的船员全部抓捕，并且打算将这艘战舰拖回荷兰，但由于这艘战舰已经损坏难以控制，加之战事正紧，德·鲁伊特命令特罗普放弃了这个战利品。对此特罗普非常不满，以致多年之后还因错失奖赏而要求补偿。

了8月，德·鲁伊特率领荷兰舰队意欲通过泰晤士河进攻英国首都伦敦。英国方面派出了90艘战舰和20艘纵火船迎击。战斗在8月4日打响，持续到8月5日清晨结束，在这场战役中，英国大获全胜，荷兰则损失了20艘战舰，伤亡7000人。由于8月4日是英国的圣詹姆斯纪念日，故此这场战役被称为圣詹姆斯日之战。这场战役之后，英国重新掌握了制海权。

布雷达和谈和奇袭查塔姆

在圣詹姆斯日之战后，英荷双方没有再进行过大规模的海战，但战争并未停息。两年之久的海战使得两国国力亏空，元气大伤。1666年9月10日，著名的伦敦大火爆发，让英国遭受了前所未有的损失，再也无力去作战。因此从 1667 年 1 月开始，英国就不断和荷兰联系，希望进行和谈。但是荷兰对于和谈的欲望并不强烈，因此在和谈进行的时候，荷兰议长德·维特就秘密下达了军事行动的授权。

荷兰海军虽然在圣詹姆斯日战役中失利，但舰队主力依旧健在，并未受到致命性的打击。德·鲁伊特通过这场在英国本土附近作战的实践，认识到了夜间偷袭的可能性。在得到授权之后，他制定了

∨ 油画《荷兰舰队击毁查塔姆船坞中的英国战舰》

∧ 英国旗舰"皇家查理"号舰首纹章

荷兰国立博物馆藏。"皇家查理"号被拖回荷兰之后，由于舰体庞大，于是被放置在了荷兰西部的赫勒富茨劳斯，作为一个景点任人参观。对此英国国王查理二世强烈抗议，认为这是对他的侮辱。1672年，"皇家查理"号被拆毁，但是它的部分横梁以及舰首的狮子、独角兽以及"我权天授"铭文组成的纹章被保存了下来，长期存放在荷兰国立博物馆的地下室，直到1883年被拿出来展示。

一项大胆的作战计划：先让舰队在特塞尔岛外集合待命，然后驶入泰晤士河口，沿梅德韦河溯流而上，直达英国舰队的战舰船坞查塔姆，然后将英国战舰击沉或焚毁。谁也未曾设想到，荷兰舰队竟敢深入敌腹，将战火烧到英国家门口。

1667年6月6日，荷兰海军上将德·鲁伊特将荷兰舰队分为三支，悄悄开进泰晤士河口。而此时拥有强大间谍网的英国竟然丝毫没有发现荷兰人的行动，因而毫无防备。6月10日，荷兰舰队抵达谢佩岛，并对防守薄弱的加里森角堡发起攻击，很快就拿下了这座城堡。接着，荷兰海军陆战队又攻占了希尔内斯堡，至此，防守查塔姆船坞的英军堡垒仅剩下阿普诺一座城堡，为了加强防御，英国人开始沉船壅塞河道以阻止荷兰人的进攻。但是这些毫无作用，荷兰海军在11日夜间就开辟了一条通道，并且在第二天上午对查塔姆船坞发起了攻击。首先被击毁的是英国皇家海军的"查理五世"号和"马蒂亚斯"号，并且在未交战的情况下俘获了英国皇家海军旗舰"皇家查理"号。13日，荷兰海军继续攻击，英国战舰"皇家詹姆斯"号、"忠诚伦敦"号、"皇家橡树"号被荷兰燃烧船攻击焚毁，"皇家凯瑟琳"号遭到重创。在毫无阻拦的情况下，荷兰海军安全撤退，临行之时还将"皇家查理"号拖回了荷兰。

这次奇袭给英国造成了近20万镑的损失，英国遭此大败，加之瘟疫和伦敦大火两重灾难，已无力再战。1667年7月31日，英国、荷兰签订了《布雷达和约》，根据和约，英国放宽了《航海条例》，放弃了在荷属东印度群岛方面的权益，并归还了在战争期间抢占的荷属南美洲的苏里南；荷兰正式割让哈得逊流域和新阿姆斯特丹，并承认西印度群岛为英国的势力范围。这个和约实际上意味着英荷两国在殖民角逐中划分了势力范围。第二次英荷海战随之落下了帷幕。

> **查塔姆之战胜利纪念杯**

荷兰国立博物馆藏。这个黄金画珐琅装饰的杯子，是查塔姆之战胜利后制作的，是赠给海军上将德·鲁伊特的礼物。杯盖上装饰着荷兰纹章，周边用白珐琅绘制花草纹。杯子外壁绘制了整个查塔姆之战的全景图，主要描绘了荷兰舰队攻击希尔内斯堡的情景。其他参与作战的海军将领也都曾获得这种纪念杯。

关键词：索尔湾海战 / 特塞尔海战

第三次英荷战争

▪ 1672 年 ~ 1674 年

第三次英荷战争实际上也是荷法战争的一个组成部分，战争使得欧洲的许多国家卷入其间。英国为了复仇，法国为了在欧洲建立霸权，图谋瓜分荷兰，巩固自己的大陆霸权地位，双方一拍即合，组成联盟共同进攻荷兰，第三次英荷战争因此爆发。

英国和法国联手

1670 年 6 月，英国和法国签订了《多佛密约》。该条约规定：查理二世有在英国恢复天主教，并与法国共同对荷兰作战的义务；路易十四有出兵镇压英国可能发生的"骚乱"的义务。1672 年法国对荷兰宣战，英国退出了与荷兰、瑞典组成的三国同盟，援助法国对荷作战。1672 年 3 月，英国在没有宣战的情况下突然袭击了一支荷兰的商船队，于是第三次英荷战争爆发了。这次战争实际上已经扩大成为一场国际战争，参战的还有欧洲一些主要国家，如法国、丹麦、瑞典、西班牙等。

第三次英荷战争是一场海上和陆地同时进行的战争。法军从陆地、英军从海上两方面向荷兰发起了进攻。法国陆军在孔代和蒂雷纳等名将的指

挥下充分显现了欧洲第一流陆军的实力，进攻荷兰
势如破竹。荷兰的格尔德兰、奥弗赖塞尔和乌得勒
支等省相继沦陷，即使是深孚众望的威廉将军亦是
无法抵挡路易十四骑兵的冲击。法军连连得胜，突
破了埃塞尔河防线，直逼荷兰首都阿姆斯特丹。无
奈之下，刚出任荷兰国家元首的奥兰治的威廉忍痛下
令掘开世世代代保护荷兰人休养生息的穆伊登堤坝。
堤坝一开，汹涌的海水立刻涌入了良田沃野，须德海
和莱茵河之间成了一片汪洋大海，成千上万的荷兰人
也被迫转移到了船上，准备随时撤离。法国先头部队
后撤及时，免了遭受灭顶之灾，陆上进攻却也就此告
了一个段落。但如此一来，荷兰捍卫国家独立的重任
就落到了海军的身上。

　　德·鲁伊特此时已经是 65 岁高龄了，仍执掌荷

> ∨ 油画《1672年6月18
> 日法国皇帝路易十四率
> 军攻打斯亨肯斯汉斯
> 堡垒》
>
> 荷兰国立博物馆藏。兰
> 伯特·德·洪特绘制。
> 斯亨肯斯汉斯堡垒处于
> 莱茵河和瓦尔河的交汇
> 处，易守难攻。法国军
> 队渡过莱茵进攻荷兰，
> 必须拿下这个堡垒。画
> 面中法国军队在一个山
> 丘之上向下攻击，远处
> 多边形的堡垒即斯亨肯
> 斯汉斯。

兰海军帅印。他分析了敌军情况后，认定敌军的核心是英国海军，法国海军不仅力量小而且缺乏战斗经验，不足为惧。因此他制定了集中主力对付英军、只分出一支小舰队牵制法国舰队的战略。在战术方面，他把主力部署在靠近荷兰海岸的浅海中，为的是可以随时寻求浅滩的掩护，觅机向英国舰队发动进攻。后来证实这种战术是十分奏效的。

索尔湾海战

　　1672 年 3 月，英国在没有宣战的情况下对荷兰商船队发动的袭击。英国海军拥有 12 艘战列舰以及 6 艘小型战舰，荷兰仅有 5 艘战舰为 72 艘商船（其中有 24 艘是武装商船）护航。荷兰舰队司令哈恩坚决与有优势的英国舰队周旋，终于抵挡住了英国舰队的攻击。在被击沉 1 艘、被俘虏 3 艘商船的情况下，大多数荷兰商船还是安全抵达了目的地。

　　6 月 7 日，德·鲁伊特指挥荷兰舰队偷袭泊于英国东南部索尔湾的英法联合舰队。荷兰舰队抢得先机，不但事先在港外布置了封锁线，更在战初利用涨潮放出纵火船，造成联合舰队陷入混乱。在荷兰舰队的炮击之下，英国舰队指挥官约克公爵凭借其出色的军事手腕，很快控制住了形势。英舰在一时的混乱之后，迅速编成队形出港迎战。而法国舰队则不愿意消耗自身的实力，一味作壁上观。战斗十分激烈，中午至暮后。英国损失了 4 艘战舰、2500 多人；荷兰则损失了 2 艘战舰、2000 多人。此役就战术层面而言，双方各无重大建树。

∧ 油画《特塞尔海战》

　　然而，这次海战所带来的战略意义却是不容忽视的。荷兰先发制人的进攻不但粉碎了英国对荷兰本土入侵的计划，也使得普鲁士打算从陆地侵入荷兰的企图落空。

　　1672 年 8 月，威廉三世在此存亡之秋，就任荷兰国家元首。他积极展开外交活动，终于在 1673 年的春天争取到了奥地利和西班牙的支持。但几乎同一时间，普鲁士同法国签订了盟约。战争的规模进一步扩大。

特塞尔海战

∧ 德·鲁伊特获得的荣誉勋章

1673 年 6 月 7 日，英法舰队再次集结了舰队输送陆军，打算登陆荷兰本土。但是荷兰海军在德·鲁伊特的率领下，经过两次库内维尔海战，粉碎了英国人的登陆企图。

1673 年 8 月，英法舰队又一次纠集力量，企图登陆特塞尔岛，约 2 万陆军集结在英国。荷兰舰队事先得报，德·鲁伊特亦将麾下舰队分编为三个分队：他本人指挥中央分舰队；班克特指挥先驱舰队；小特罗普指挥后卫分舰队。但荷兰方面的实力明显弱于英法联合舰队。

21 日夜间，德·鲁伊特指挥舰队成功插入敌方舰队与海岸之间的缝隙。拂晓时分，主动向英法联军发动进攻。于是双方三个分舰队开始捉对厮杀。尽管英法联军兵力占了优势，但荷兰水兵士气高昂，双方战斗可谓空前激烈。德·鲁伊特与英将拉帕尔 3 次更换旗舰，仍英勇作战。首先打破僵局的是双方的前卫分队：法国分舰队的水兵训练很差，作战消极。指挥官德埃斯特雷本意图以数量上的优势包围荷兰班克特舰队，但班克特突破了法国舰队的战列线，使得法国分舰队全面陷入了混乱。很快，法国分舰队就退出了战斗。于是班克特及时率军前往援助德·鲁伊特率领的中央分舰队。原本英国的鲁珀特亲王打算将适于浅海作战的荷兰舰队向西引向深海，但此时后卫舰队交战的激烈程度引起了双方中央分舰队的注意：英国分舰队指挥官斯普拉格在两次转换旗舰之后殉职。鲁珀特亲王与德·鲁伊特双双率领麾下分舰队赶来支援己方的后卫舰队，而班克特指挥的荷兰先驱舰队也加入了战斗。这场海战一直持续到了晚上 7 点，夜幕降临之后英方认为登陆作战无望，遂退出了战斗。此役双方都未有战舰被击沉，但严重受创的船只不计其数。英法联军损失了 2000 多人，荷兰方面伤亡了 1000 多人。此役后，荷兰暂时消除了海上威胁，取得了制海权，大批东印度公司护航船安全返回。他们使完全被封锁的港口重新开放并战胜了一次可能的入侵，而使敌人放弃了所有入侵的思想。

战争结束

无论如何，特塞尔海战结束了荷兰和英国之间为了控制海洋所进行的一系列旷日持久的战争，却也导致了英法两国的裂盟。海军的失利与法国的日益强大，使得英国资产阶级对政府参加法荷战争倍感不满。在议会削减军费后，英国海军无力再封锁或入侵荷兰，于是英国国会通过了与荷兰单独媾和的决议。1674 年 2 月，英荷双方签订了《威斯敏斯特和约》，恢复了战前状态。和约规定 1667 年两国签订的《布雷达条约》继续有效，荷兰同意给英国 80 万克伦，承认英国在欧洲以外夺取的原荷兰领地的所有权，英国则保证在法荷战争的中立。在此之后，法荷战争依然持续。同年 4 月，德·鲁伊特在一次交战中身负重伤逝世，而法荷战争一直拖到了 1678 年才宣告结束。

> 德·鲁伊特珍藏的宝刀

荷兰国立博物馆藏。这把宝刀是 1655 年德·鲁伊特率军在地中海护航过程中，剿灭了一群阿尔及利亚海盗之后的战利品。

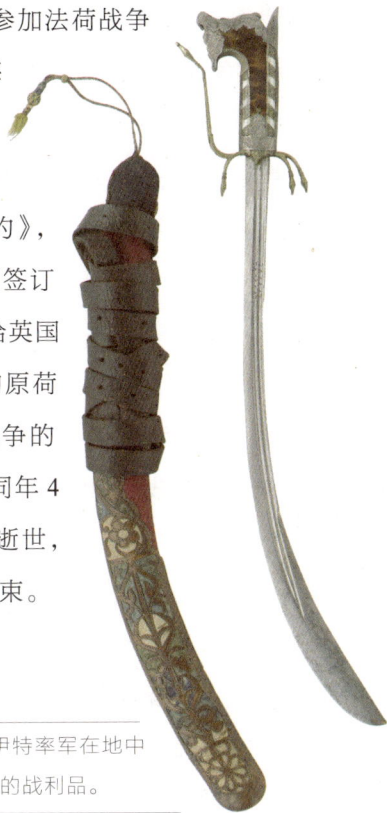

关键词：灾难年 / 奈梅亨条约

法荷战争

▪ 1672 年 ~ 1678 年

　　法荷战争，又被称为荷兰战争，这是一场法国、瑞典、明斯特主教区、科隆主教区和英国针对荷兰共和国的一场战争，后来奥地利哈布斯堡王国、勃兰登堡—普鲁士和西班牙也卷入了战争。战争最终以《奈梅亨条约》的签署而告终。尤其是战争开始的第一年，英国、法国和普鲁士的军队将荷兰打了一个措手不及，大部分领土丧失，因此荷兰将这一年称为"灾难年"。

法国与荷兰的矛盾

　　16 世纪 60 年代是荷兰和法国的蜜月期。然而时间到了 1661 年法国国王路易十四在亲政后，他将自己的目标定在了称霸欧洲之上，因此发动了针对西班牙的遗产之战，并且大获全胜。当路易十四挟胜利之威打算一举吞下西属南尼德兰（今比利时）时，却被自己的旧盟友荷兰共和国横加干涉。荷兰大议长约翰·德·维特担心法国吞并南尼德兰之后会威胁荷兰的安全，因此他联合英国、瑞典结成三国同盟。三国同盟向法国施压，要求法国与西班牙缔和，并归还占领地，否则三国同盟就会对法宣战。路易十四面对三国同盟咄咄逼人的气势，加之战争准备不足，因而被迫接受三

◀ 油画《荷兰大议长约翰·德·维特肖像》

荷兰国立博物馆藏。扬·德·贝恩绘制。约翰·德·维特可以说是黄金时代荷兰最重要的政治家，在大多数时候他的施政举措有力地促进了荷兰共和国的发展，法荷战争期间德·维特的死亡可以说冤死的成分很多。因此1918年在海牙树立德·维特铜像的时候，威廉敏娜女王亲自出席，也算是对德·维特的平反。

国的同盟要求，但路易十四从此对荷兰满怀怨恨。

路易十四很快就等到了报仇雪恨的机会。随着第二次英荷战争英国的惨败，英国国王查理二世急需报仇雪恨，法国就成了不可多得的盟友。于是路易十四派出了法国天才的外交大臣雨格·李奥纳，全面操盘瓦解三国联盟。他首先从瑞典下手，游说瑞典议会，得到瑞典放弃三国同盟保持中立的承诺。之后，李奥纳向英国国王查理二世提议与法国联合进攻荷兰，并答应每年向英国提供300万英镑的财政支持。在巨大利益的诱惑下，英法两国一拍即合，于1670年签署了《多佛密约》，英国国王查理二世与法国国王路易十四计划在两年后联合攻打荷兰。同一时间，法国国王还收买策动荷兰的邻邦明斯特主教区、科隆主教区，让其在法国出兵攻打荷兰的时候一同出兵并为法军提供交通与后勤支援。1672年，路易十四先向荷兰宣战，接着英国也向荷兰开战，战争终于爆发。

灾难年

　　1672 年 3 月，路易十四派遣 12 万大军进攻荷兰，法国军队穿过亲法的列日主教区，兵锋直指被誉为"欧洲最强防线"的荷兰南境堡垒区马斯特里赫特，在强大的法军面前，马斯特里赫特很快沦陷。法国大军轻而易举地渡过了莱茵河，荷兰共和国门户洞开。

　　渡河之后的法国军队势如破竹直取荷兰腹地，6 月 20 日，随着乌得勒支沦陷，法国已经占领了 60% 以上的荷兰领土，兵临阿姆斯特丹城下。阿姆斯特丹人心惶惶，一夜数惊，大议长德·维特早已没了主张，连忙派人向路易十四求和。但是路易十四却提出了十分苛刻的和谈条件：荷兰割让莱茵河以南的所有领土；赔偿法国军费 2000 万荷兰盾；法国在荷兰保有驻军权；荷兰所有港口向法国船只开放并且免除一切关税；荷兰必须恢复天主教教会等。

　　如此苛刻的条件和让荷兰亡国没有区别，在德·维特尚未做出决断之际，荷兰人民率先愤怒。人们开始把这一切恶果都归罪于约翰·德·维特兄弟。6 月 21 日，两兄弟遭到暗杀但未伤及性命。此后，一系列的变故将德·维特兄弟一步步逼向了死亡的深渊，先是科内利斯·德·维特被诬

∧ 油画《1672年6月12日路易十四率军在洛比斯渡过莱茵河》

荷兰国立博物馆藏。亚当·弗兰斯·范·德·梅伦绘制。梅伦是弗兰芒画家，曾绘制了一系列关于法荷战争的绘画，这是其中的一幅。1672年6月12日，路易十四率领12万大军渡过莱茵河，画面的右侧是骑在白马上被一群军官簇拥着的路易十四，沿着画面可以看到正在泅渡进攻的法国军队。

∧ 油画《1672年法国入侵的寓言》

荷兰国立博物馆藏。约翰内斯·范·维基斯洛特绘制。画面中两个男子正在欣赏一幅墨笔画，画中象征荷兰的狮子被击败，狮子身边是折断的剑和破损的栅栏，预示着荷兰门户洞开。在画的上端象征法国的公鸡正在啼叫，欢呼胜利。年轻男子帽子上的橙色羽毛表明他是奥兰治亲王威廉三世的追随者，预示着威廉三世将挽救国家。

陷暗杀威廉三世，牵连到约翰·德·维特，但终因证据不足未被判处死刑。8月20日，愤怒的人们将德·维特兄弟以私刑的方式凌迟处死，尸身受尽侮辱。

这时的荷兰人希望奥兰治亲王威廉三世来领导人民抵抗法国。7月2日，西兰省首先推举奥兰治亲王威廉三世为省执政，4日，荷兰省照此办理，推举威廉三世为荷兰省执政。人们高喊："我们要秩序，我们要奥兰治亲王！"7月10日，英国国王查理二世派遣阿灵顿勋爵去拜会威廉三世。阿灵顿勋爵建议威廉三世向法国和英国投降，作为回报，英法两国可以扶立他为荷兰亲王，远远胜过当一个荷兰省执政。威廉三世拒绝了这个建议。阿灵顿勋爵威胁说："亲王殿下，难道你不怕目睹荷兰共和国的消失吗？"威廉三世则答道："有一种方法可以避免这种情况的出现，那就是我会在联合省的最后一条壕沟里战死！"不久之后，海水越过堤防形成的大水防线，有效地阻挡了法军的前进，但是荷兰的全面混乱并没有结束。威廉三世迅速做出决策，稳定市场和金融，人心大定。此时英国从海上进攻荷兰，但是荷兰海军上将德·鲁伊特于四次海战均获得胜利，英国被迫停战。

在威廉三世的呼吁下，荷兰人民紧急动员，捐献物资和金钱，扩充军队。得到人民支援的威廉三世迅速集结了一支 1 万多人的军队，同时他在外交领域积极活动。威廉三世先与西班牙国王查理二世、奥地利神圣罗马帝国皇帝利奥波德一世、勃兰登堡选帝侯腓特烈·威廉结盟，三方结盟之后迫使法国撤兵，逐渐收复失地。与此同时，威廉三世派人到英国重金游说英国国会议员并煽动反法舆论，激化英国和法国的矛盾，使得英国国会逐渐反对与法国结盟。查理二世在国会的逼迫下被迫中止英法联盟并与荷兰议和，英国得到荷兰部分的殖民地，但必须给予荷兰 20 万英镑的补偿，两国于 1674 年正式结束第三次英荷战争。

1673 年年底，威廉三世在奥地利主帅拉依蒙多·蒙特库科利的协助下，攻下波恩，至此法国军队全部被赶出荷兰，威廉三世威信达到极点并获得了"护国英雄"的称号，就任尼德兰联省执政。威廉三世不仅挽救了奥兰治家族，更挽救了联省共和国，维持了荷兰海上殖民帝国的稳定。

战争的扩大化

1674 年，法国国王路易十四用重金拉拢瑞典并与之结盟，诱使瑞典从后方进攻德意志地区，让勃兰登堡与神圣罗马帝国抽回援助荷兰的兵力。1675 年勃兰登堡选侯腓特烈·威廉击败瑞典军队，使得一向敌视瑞典的丹麦，趁机与荷兰结盟并向瑞典宣战，发生了斯科讷战争。

因为瑞典从后方进攻反法联盟，1674 年后荷兰出现败多胜少的不利情势。首先，路易十四采纳财政大臣柯尔贝的计策，大幅提高对荷兰商品的关税，进行关税战，让荷兰商人损失惨重。其次，1676 年荷兰"海神"德·鲁伊特于地中海之西西里岛战役负伤而死，荷兰与西班牙对地中海的控制权被法国抢去；最后，荷兰、西班牙与德意志盟国虽大力增兵，组成稍多于法军的联兵，却难以抵挡法国统帅孔代亲王，德意志的洛林被夺去，西班牙领有的弗朗什孔泰与部分佛兰德也被占领。若不是拉依蒙多·蒙特库科利与蒂雷纳和孔代相抗衡，让后两者一死一退，反法同盟的损失可能会更加惨重。

1677年，威廉三世和英国的关系突飞猛进，与英国王位继承第二顺位的玛丽公主结婚，向外界显示英国正式加入反法同盟。虽然路易十四以秘密贿赂英王查理二世与少数辉格党权贵的方法，暂时拖延了英国参战的时间，但是他认识到必须趁巨大优势还未丧失前，尽快结束战争。于是他在外交上施展分化瓦解的手段，同时在战场上奋力一搏，以取得更多的谈判本钱。1678年3月，法国军队占领南尼德兰的根特与伊珀尔，成功在英国参战之前把反法联盟推上谈判桌。

战争的终结

1678年，随着《奈梅亨条约》的签署，法荷战争宣告结束。荷兰领土完全恢复，并得到低关税的优惠。瑞典恢复了战争中失去的西波美拉尼亚。但最大的受益者却是法国，和约确认法国对弗朗什孔泰、佛兰德和埃诺地区部分城市的占领，这些地区原本属于西班牙所有。按照和约规定，法国应当归还洛林公国给德意志的洛林公爵（但法国保留驻军权），可是洛林公爵不愿让法军扎根其领地，拒绝在和约上签字，所以洛林继续被法国占领，直到1697年的《赖斯维克和约》签署之后才归还给洛林公爵。

本来威廉三世不愿背弃盟友以换取和平，但路易十四用高明的外交手段与荷兰省商人和联省议会的要员交涉，满足于关税降低的荷兰省就先在和约上签字，迫使威廉三世接着同意其他各省以荷兰共和国全体的名义签约缔和。感觉被荷兰背叛的勃兰登堡选帝侯腓特烈·威廉，愤而在1681年投向路易十四，帮助法国在17世纪80年代初称霸欧洲。

战后各国承认并敬畏路易十四"太阳王"的称号，太阳王的法国，取代荷兰成为欧洲最有权力的仲裁者。然而这并没有停止路易十四继续扩张

∧ 油画《奈梅亨条约签署现场》

的野心，法国对西属尼德兰的不断蚕食，最终导致了 1683 年与西班牙的同盟战争。此后威廉三世成为"太阳王"的终生死敌，决定以毕生的心力去打击法国的天主教霸权。

　　法荷战争对之后 40 年的欧洲形势，造成了深远的影响。虽然刚开始无法预见这样的结局，但是法荷战争预兆了荷兰、西班牙与瑞典三大强权于 18 世纪初期的中衰：荷兰受限于英、法包夹的地缘政治格局，其卓越的海上霸权最终在 1713 年转移给英国；瑞典传统的军事优势，无法阻止勃兰登堡的崛起；而西班牙在战争中的表现更是无能。瑞、西两国渐渐失去他们国际上的重要性，最终在 18 世纪初遭受巨大的失败，除了本土以外，大多数的领土都被列强瓜分。

VISIBLE
HISTORY OF THE
WORLD

关键词：海军上将／阿戈斯塔战役

荷兰海军的荣耀——米歇尔·德·鲁伊特

▪ 1607 年～1676 年

　　今天的荷兰，风景秀丽，除了偶尔因极高的社会自由度而登上新闻以外，已经是一个与世无争的小国家了。但是在历史上，这个国家却曾经强极一时，凭借积极开放的思想和高超的造船技术而被称作"海上马车夫"，几度与后来的日不落大帝国英格兰争夺海上霸主的地位。在这个过程中，荷兰人不辱"海上马车夫"之名，诞生了一代又一代的海战高手。而在高手林立的荷兰海军中，被奉为荷兰海军灵魂的，则是一位传奇般的人物——米歇尔·德·鲁伊特。

早年生涯

　　米歇尔·德·鲁伊特 1607 年 3 月 24 日生于荷兰的弗利辛恩，他的父亲曾是一名水手，后来做了一名啤酒承运商。鲁伊特的父亲一共有 11 个孩子，鲁伊特排行第四。孩童时代的鲁伊特很顽皮，在 9 岁的时候曾攀上弗利辛恩圣詹姆斯教堂的塔尖。根据鲁伊特自己的讲述，11 岁的时候曾经第一次随船出海，被西班牙人俘虏，后来在拉科鲁尼亚逃脱。1622 年，年仅 15 岁的鲁伊特作为一名船员登上了荷兰军舰，具体在军舰上待了多长时间，并无明文记载。1631 年，鲁伊特在都柏林担任商业代理，在那里他学会了爱尔兰语。1633 年，他在一艘捕鲸船上担任舵手，一直持续到 1635 年。此后很长一段时间，鲁伊特都在商船上担任船长，曾多次率领船队前往印度尼西亚。1641 年，鲁伊特加入了荷兰海军，曾经在圣文森特角海战中协助葡萄牙人起义。至 1650 年，鲁伊特因为家庭屡遭变故，一度退出海军。

∧ 油画《荷兰海军上将鲁伊特肖像》

1652 年，第一次英荷战争爆发，荷兰海军人才匮乏，鲁伊特再度被启用。担任副海军上将怀特·德·威斯的副官，"小海王星"号是他的旗舰。同年 8 月 23 日，鲁伊特率领一支舰队在普利茅斯海战中击败了英国舰队，一战成名，成为荷兰的海洋英雄，被称为"泽兰海狮"。此后鲁伊特作为一支分舰队的司令参加了多次对英国的海战，战绩斐然。

统帅荷兰海军

第一次英荷战争结束以后，由于荷兰海军统帅马尔腾·特罗普战死，荷兰海军必须有一个新的统帅，鲁伊特无疑是最佳人选。然而，当时的荷兰政府有意限制军人的影响力，对鲁伊特的任命迟迟不决。而鲁伊特也明白这种情况，在政治舞台上尽可能保持中立。1654 年 3 月，鲁伊特最终被任命为阿姆斯特丹海军部的副海军上将，这已经是海军部的最高级别了。在此期间，荷兰海军的重型战舰不断增加，俨然成了一支新海军。从 1655

^ 油画《德·鲁伊特和他的家人》

年开始，鲁伊特的主要任务是率领海军为荷兰商船保驾护航，主要是保护地中海航线，打击地中海的海盗。在鲁伊特舰队的进攻下，地中海海盗损失惨重，荷兰成了地中海的控制者。

　　第二次英荷战争爆发后，鲁伊特正式成为荷兰海军的统帅，在对英国的作战中，表现得十分出色，尤其是四日海战期间，鲁伊特在作战上的灵活多变，让英国人大吃一惊。而奇袭查塔姆更是鲁伊特海战生涯中浓墨重彩的一笔，彻底奠定了鲁伊特在荷兰海军中的地位。即便如此，荷兰大议长德·维特依然对鲁伊特不放心，在查塔姆之战中，德·维特就曾派自己的弟弟科内利斯·德·维特担任舰长对鲁伊特进行监视。

　　战争结束之后，鲁伊特被德·维特留在国内。为了保全性命，他与世无争，并且做了大量的投资，积累了25万荷兰盾的雄厚财产。即便如此，鲁伊特在1669年遭到过暗杀，原因是认为鲁伊特被认为是德·维特的铁杆，会对奥兰治亲王威廉三世造成威胁。随着英国、法国与荷兰矛盾的日益尖锐，战争不可避免，1671 年，鲁伊特重新执掌荷兰海军。当 1672 年荷兰进入"灾难年"的时候，正是由于鲁伊特在海上和英国作战，屡战屡胜，有力地策应了威廉三世在陆上抵抗法国军队，拯救了危难之中的荷兰共和国。

将星陨落

1674 年，除了马斯特里赫特尚未收复之外，法国人已经从荷兰的其他地方撤离，但是战争并没有结束。海上战争开始由荷兰临近水域转移到了加勒比海和地中海。1674 年 7 月，鲁伊特率领 48 艘战舰和 3000 名士兵计划进攻法国的马提尼克岛，由于法国人早已知道了消息，防守严密，鲁伊特进攻受阻，只得率领舰队返回荷兰。1675 年 8 月，鲁伊特被派遣率领 18 艘军舰前往支持西班牙镇压墨西拿起义，这次起义得到了法国人的支持。鲁伊特认为这支舰队规模很小力量很弱，但还是接受命令无反顾地带着舰队出发了。出发前一位海军部的理事曾问他："阁下，您现在是否开始丧失了勇气？"鲁伊特回答说："不！我没有丧失勇气，我是为这个国家而活着。但令我惊讶的是，议会竟然如此懵懂，我为国家感到沮丧。"鲁伊特最后说："议员们不必诱惑我，只要命令我哪怕是拿着一面国旗出发，我也会随身携带，这是祖国的旗帜。相信我，我会为国家献出生命。"孰料鲁伊特的这番话竟然一语成谶。

1676 年 4 月 22 日，在阿戈斯塔战役中鲁伊特的右腿被炮弹击中，伤势严重，不得不进行截肢。起初尚有起色，几天之后由于伤口感染，高烧不退，最终在 4 月 29 日不治身亡。鲁伊特的尸体被做了防腐处理之后装在铅棺之中运回国内，当法国国王路易十四得知鲁伊特去世的消息之后，命令法国海军不得袭击荷兰舰队，礼送鲁伊特遗体回国。1677 年，鲁伊特的遗体被运回阿姆斯特丹，阿姆斯特丹万人空巷迎接鲁伊特的灵柩，场面十分隆重。鲁伊特被安葬在了阿姆斯特丹的一个公墓里。

第五章

走向联合王国

随着海上优势的丧失，荷兰开始在英国和法国挟制的边缘政治环境中挣扎。但威廉三世去世之后，荷兰又进入了一个无执政时期，在国际舞台上几乎销声匿迹。当大革命的风暴席卷而来的时候，荷兰和英国之间爆发了第四次战争，荷兰惨败收场。法国大革命的风云席卷荷兰，出现了短暂的巴塔维亚共和国，一个傀儡的荷兰。在威廉一世的努力下，荷兰终于复国成功，从而进入了联合王国时期。这一时期荷兰最耀眼的历史人物是凡·高和物理学家洛伦兹。

关键词：荷兰执政／光荣革命／英法战争

"荷兰人的国王"威廉三世

▪ 1650 年 ~ 1702 年

　　法国哲学家伏尔泰认为威廉三世是值得与路易十四相匹敌的"伟大"国王，是一个与路易十四完全相反的"大帝"，并形容他是"英国人的执政、荷兰人的国王"。在荷兰人眼中威廉三世是英雄，在英国人眼中则是"军阀"，而北爱尔兰与部分苏格兰人则将他称为"贤明王比利"。威廉三世在2004年票选最伟大的荷兰人当中，排名第72。

幼年失怙

　　威廉三世 1650 年 11 月 4 日生于荷兰的海牙。他是荷兰省督奥兰治的威廉二世和英国国王查理一世的长女玛丽·斯图亚特唯一的孩子。1648 年后，担任荷兰执政的威廉二世统治着如日中天的荷兰共和国。可以说威廉二世是当时欧洲最富裕、最有权势的人物之一。孰料在威廉三世出生后仅仅八天，年仅 24 岁的威廉二世就因天花去世。威廉二世去世后，荷兰政局发生了翻天覆地的变化，奥兰治家族被彻底边缘化，荷兰议会颁布了严苛的排斥法令，并剥夺奥兰治家族的政治权利，规定其直系家族永远不能担当公职。

就这样，威廉三世成了无父之子，而他的母亲玛丽公主对他并不是十分关心，可以说威廉三世是在保姆手中长大的。1656年，年仅六岁的威廉三世跟随抗辩派神学家科内利斯·特利格兰德学习宗教教义。1659年年初，威廉三世在莱顿，接受了七年的正规教育。1666年，威廉三世被置于政府的监护之下，将其当作"国家之子"，而威廉三世身边和英国关系密切的人全被赶走，虽然他曾恳求大议长德·维特留下一些人，但是德·维特拒绝了他。为了补偿威廉三世，德·维特亲自负责威廉三世的教育，每周为他进行一次国务指导。

∧ 油画《威廉三世10岁时肖像》

法国里昂美术馆藏。扬·戴维茨·德·西姆绘制。画像中10岁的威廉三世被象征奥兰治家族的花环围绕，他眉宇清秀，惹人喜爱。

步入政坛

威廉三世早年体弱多病，加之他的母亲和祖母关系不和，造成了威廉三世沉默寡言的性格。成年之后，威廉三世喜欢打猎运动，才使得身体逐渐强壮起来。1660年，威廉三世的母亲玛丽公主去世，此后，威廉三世的教育落在了他的祖母身上，祖母对他实行严格的教育，培养了他坚定的意志与冷酷的性格。

< 油画《身穿铠甲的威廉三世肖像》

荷兰国立博物馆藏。卡斯帕尔·内舍尔绘制。制作这幅肖像的时候，威廉三世是共和国的军队指挥官，他手中的指挥棒代表着他指挥军队的权力。

1667 年，在威廉三世年满 18 岁的时候，奥兰治家族的追随者橙带党试图将他推上权力的舞台。为此，大议长德·维特推动荷兰省议会颁布《永久法令》，规定尼德兰联省的陆军统帅或海军统帅不得担任任何一省的省督。即便如此，威廉三世的支持者依然通过各种途径提高他的声望。1668 年，威廉三世偷偷来到西兰省的米德尔堡。同年 9 月 19 日，他被西兰省议会授予省议长一职。

1670 年 3 月，荷兰省宣布永久废除执政这一职务，另外四省也积极响应，建立了"和谐局"。大议长德·维特要求荷兰省议会的摄政者宣誓坚守《永久法令》。尽管德·维特用尽各种手段来阻止威廉三世参政，但依然无法阻止他步入政坛。

执政中兴

经过"灾难年"，威廉三世率领荷兰人民打退了法国侵略者，保全了荷兰共和国，成为荷兰共和国的执政。此时的威廉三世可以说是荷兰坚强有力的后盾而近乎无冕之王，但他丝毫不独断专行。威廉三世利用各种手段将议会派政敌赶下台，同时扶持奥兰治派取代议会派，掌握议会的决策权。但是荷兰省的财富是荷兰一切军政实力的基础，荷兰省不愿接受威廉三世的控制，坚持自己的自由判断和决策之权，两方之间冲突频繁，威廉三世最终走上了与荷兰省商人对立的老路。

事实上，荷兰从建国开始，就常受支配商业财富的议会寡头操控，特别是被荷兰省的商人寡头操控，这些人以拒付税金来把持国政。威廉三世和这些人的斗争是解不开的死结。荷兰省议会和威廉三世的尖锐冲突持续到1684年。这一年威廉三世改变了冲突与对立的做法，与荷兰省和解妥协，此后除非得到阿姆斯特丹市政议会（荷兰省中心）的同意与支持，他绝不提出重要的计划与施政。威廉三世在长期的国政冲突中，学会了使用柔软与谨慎的协调手腕，为荷兰的稳定发展打下了坚实的基础，也为他入主英国在两党之间保持平衡积累了经验。

光荣革命

威廉三世的妻子玛丽是英国国王詹姆斯二世的女儿，并且是英国皇位的继承人。当詹姆斯二世继位之后，在宗教问题上和英国议会矛盾深重，其对待新教的态度引起了英国议会的强烈不满。而威廉三世在宗教上的

∨ 紫色丝绸绣金花长袍

荷兰国立博物馆藏。这件长袍是威廉三世加冕成为英国国王之后制作的，紫色丝绸质地上满绣金线缠枝花卉，衬里为绿色的塔夫绸。整个长袍充满异域风情。

宽容政策引起了英国政客的好感，因此英国议会私下里和威廉三世联系，希望他能够入主英国。

1688年6月30日，七名英国议会议员向威廉三世发出邀请。随后威廉三世就率领大军前往英国，在英国一登岸，威廉三世就宣布将保持英国的新教政策和自由。面对威廉三世强大的军队，詹姆士二世的支持者瞬间涣散。12月23日，大势已去的詹姆士二世仓皇逃亡法国。1689年2月13日，英国议会确认威廉三世和玛丽为英国王位的继承人。4月11日，威廉三世和玛丽在威斯敏斯特宫举行了加冕仪式，正式成为英国国王。同时议会向威廉三世提出一个《权利宣言》。宣言谴责詹姆斯二世破坏法律的行为；指出以后国王未经议会同意不能停止任何法律的效力；不经议会同意不能征收赋税；天主教徒不能担任国王；国王不能与天主教徒结婚等。威廉接受宣言中提出的要求。宣言于当年10月经议会正式批准定为法律，即《权利法案》。

∨青花瓷玛丽二世胸像

荷兰国立博物馆藏。青花瓷制作的玛丽二世胸像是玛丽二世生前比较喜欢的一件作品，是奥兰治家族的陈设物。

荷兰再次无执政

1702年，威廉三世因病去世。由于没有子嗣，英国王位由妻妹安妮继承；奥兰治亲王之位传给他十五岁的族侄约翰·威廉·弗里索。以荷兰省为首的六省议会派借口弗里索并非威廉三世的直系血亲，发动政变，取消联省执政，国家领袖由安东尼·海因斯接替，荷兰自此进入"第二次无执政时期"。

虽然威廉三世在遗嘱中是把奥兰治亲王传给了弗里索，但是威廉三世的表弟普鲁士国王腓特烈一世坚决主张威廉三世的遗嘱无效，声称自己才是合法的继承人。1702 年，腓特烈一世宣布继承表哥威廉三世的爵位，自称"奥兰治亲王"，并获得部分荷兰的奥兰治派贵族支持。于是奥兰治派出现分裂，腓特烈一世更派军占领奥兰治的亲王封邑，并在 1713 年把封邑让渡给法王路易十四，使得奥兰治家族彻底丧失其封建领地。

^ 油画《奥兰治亲王威廉四世肖像》

奥兰治名号的争议，直到 1732 年才由威廉·弗里索之子威廉四世与普鲁士国王腓特烈·威廉一世达成协议，两人共享"奥兰治亲王"的头衔，而威廉四世放弃索赔奥兰治封邑的损失。与普鲁士签订协议之后，威廉四世获得全体奥兰治派的支持，等待时机取得大统领与联省执政之位。威廉四世的愿望终于在 1747 年的奥地利王位继承战争中实现，当年各省的人民发动政变，将威廉四世拥立为共和国的七省执政，并规定他的子孙必须世代传承执政之位，以避免"无执政"现象再次出现。威廉四世的孙子威廉六世，最终在 1815 年的维也纳会议中，成为荷兰的首任国王威廉一世，是现今荷兰王室的开国始祖。

VISIBLE
HISTORY OF THE
WORLD

关键词：布雷斯特事件／巴黎条约

第四次英荷战争

▪ 1780 年 ~ 1784 年

　　第四次英荷战争是英国和荷兰之间发生的最后一次大规模的战争，战争的起因是美国独立之后，积极与荷兰建立外交和贸易关系，即便荷兰没有和美国结盟，但这样的举动已经引起了英国的不满。尽管荷兰和英国曾经进行过多次磋商，但都无疾而终。英国在战争中主要针对的目标是荷兰的海外殖民地。战争的结果是荷兰一败涂地，彻底暴露了它在政治和经济上的弱点。

英荷矛盾的激化

　　自 1688 年光荣革命以来，英国和荷兰就一直是盟友，但这时的荷兰已经无复往日的辉煌，丧失了在世界贸易中对英国的优势地位。当荷兰进入第二个无执政时期的时候，荷兰政府在欧洲事务中比较克制，尤其是奥地利王位继承战结束之后，让荷兰深受打击。为此荷兰又恢复了执政职位，但是这对于改善荷兰的内政外交并没有多少益处。相反，到了七年战争的时候，荷兰积极推行中立原则，却导致其陆军和海军的发展大受影响。

　　美国独立战争爆发之后，英国曾想借用荷兰军队前往美洲镇压革命，不料却遭到美国革命的荷兰同情者的强烈反对。而在此期间，荷兰商人尤其是阿姆斯特丹的商人却在不断地为美国大陆军提供武器和弹药。这些情况都引起了英国的不满。加上七年战争期间，英国曾要求荷兰按照以前签署的条约出兵协助，但却被荷兰政府拒绝。

　　1756 年，法国向英国宣战之后，阿姆斯特丹的商人开始大规模地参与法国海军的贸易互动，积极向法国海军出售禁运物资。这对于英国来说是无法容忍的，于是单方面宣布违禁名单，开始对荷兰船只进行禁运。这引起了荷兰商人的强烈抗议，他们要求荷兰政府派海军进行护航。迫于无奈的荷兰政府只得派出舰队进行护航，孰料刚一出发就发生了菲尔丁和拜兰德事件，直接将英国和荷兰推到了战争边缘。

∧ 1782年荷兰海军制造的16磅榴弹炮黄铜模型

丧失辉煌的荷兰海军

　　1780 年 12 月，英国正式对荷兰宣战。此时的荷兰并没有做好战争准备。自 1712 年以来，荷兰海军的实力就一直在下降。战争开始之初，荷兰海军仅有 20 艘战舰，远远不能和英国皇家海军相提并论，虽然 1779 年荷兰政府曾经下决心进行大规模的海军建设，但是资金却迟迟不到位，进展缓慢。另一个重要的原因是荷兰海军拿到的工资远低于商船，人员流失严重。以至于战争开始后，英国就在西印度群岛俘获了几艘荷兰船只，他们丝毫没有意识到战争已经开始了。荷兰海军这种明显的无序状态对于海军指挥官来说简直就是一场噩梦。指挥赛特尔舰队的海军上将安德里斯·哈辛克为了让舰队保持稳定，竟然放弃了舰队的指挥权。英国舰队封锁了北海，在短短几星期之内，竟有 200 名荷兰商人和价值 1500 万荷兰盾的货物被英国人俘获。英国在封锁荷兰港口的同时，开始远征世界各地的荷兰殖民地，并且战绩辉煌。

战争中的闹剧不断

对于荷兰的西印度群岛来说，战争几乎在刚开始的时候就已经结束。由罗德尼海军上将指挥的英国海军在背风群岛袭击了加勒比地区的荷兰殖民地。当圣尤斯特歇斯、萨巴、圣马丁的荷兰人接到战争宣言的时候，还沉浸在惊讶之中，丝毫没有意识到战争的到来。1781 年 2 月，圣尤斯特歇斯被英国人完全摧毁，岛上的货物被全部缴获，所有的荷兰商人都被驱逐

∨ 彩印版画《荷兰西印度群岛殖民地圣尤斯特歇斯》

出境。英国人将这些战利品当场拍卖，收益颇丰。此后不久，在西印度群岛，荷兰仅剩下了背风安地列斯群岛和苏里南，其余全部被英国人占领。

在欧洲，荷兰舰队海军上将哈辛克不愿意冒险将自己的舰队置于危险境地，但是迫于政府压力，他不得不让舰队进行几次谨慎的出击。1781 年 8 月，由海军上将约翰·祖特曼和海军少将扬·亨德里克·范·金恩斯率领的一支舰队和英国海军遭遇，双方战成平局。欧洲海域荷兰海军的另一次冒险行动就是所谓的布雷斯特事件。1782 年 9 月，荷兰的政客们终于在犹豫之中同意和法国一致行动，一支拥有 10 艘战舰的荷兰舰队和布雷斯特的法国舰队合并，共同攻击英国舰队。但是，当荷兰海军上将哈辛克命令海军中将路德维希·范·拜兰德率领舰队出发前往布雷斯特的时候，拜兰德却以尚未准备好为由拒绝行动。而且拜兰德的拒绝得到了其他舰队军官的支持，以至于荷兰政府不得不向法国表示无法一致行动。这次事件在荷兰国内引起了公众的愤怒，迫于舆论压力，荷兰政府对该事件进行了调查，而事件的处理最终不了了之。除了这场闹剧之外，欧洲海域并没有发生大的战争。

巴黎条约

荷兰在战争尚未结束的时候就和法国及其盟友建立了正式的军事同盟，并且和美国签订了友好的商业条约，成为欧洲大陆第二个承认美国的国家。在法国的组织下，荷兰和英国开始进行谈判。在初期的谈判中，荷兰的要求并没有得到法国的支持，直到 1783 年 1 月加入了英国和法国的停战协议。1784 年 5 月 20 日，荷兰和英国签署了《巴黎条约》，按照条约规定，印度的纳格伯蒂讷姆成为英国殖民地，荷兰恢复对锡兰的控制。同时英国人还获得了荷属东印度群岛的部分自由贸易权，这是英国最大的收获。第四次英荷战争对荷兰来说尤其是经济上是一场灾难，荷兰的实力大大削弱，荷兰已经无复昔日的辉煌。

VISIBLE
HISTORY OF THE
WORLD

关键词：爱国党 / 国民议会 / 1798年宪法

巴塔维亚共和国

▪ 1795 年 ~ 1806 年

　　随着第四次英荷战争荷兰的失败，荷兰国内面临着空前的危机。经济低迷，社会动荡，在这样的背景下，荷兰爱国党人发动了巴塔维亚革命，尤其是在法国的武装干预下，旧的荷兰共和国垮台。1795年1月，全新的巴塔维亚共和国建立，这是革命的产物，但是它却是一个依附于法国的存在，仅仅10年时间，荷兰就变成了拿破仑帝国统治下的巴塔维亚联邦，荷兰被迫接受路易·波拿巴成为自己的主人。

爱国党起义

　　随着第四次英荷战争的结束，荷兰国内爆发了严重的经济危机，荷兰人对于荷兰执政威廉五世的不满情绪与日俱增。深受启蒙运动影响的荷兰爱国党希望建立一个更为民主和平等的社会。爱国党得到了大多数中产阶级的支持，并且建立了由平民组成的民兵组织，在好几个城市和地区占据了主导地位。1787 年 6 月，爱国党人发动荷兰爱国者起义，武装反对荷兰执政威廉五世的统治，威廉五世仓皇逃往奈梅亨。9 月 13 日，普鲁士国王腓特烈·威廉二世以保护他的妹妹威廉敏娜即威廉五世之妻为名入侵荷兰，面对强大的普鲁士军队，荷兰各省纷纷投降，威廉五世重新执政荷兰政权。

起义失败后，多数爱国党人流亡法国，而旧政权也就是执政的奥兰治家族，则通过法律加强自身权力，建立有效的中央集权政府，并且和英国、普鲁士结成联盟。

1789 年，法国大革命爆发，流亡法国的荷兰爱国党人受法国大革命的影响，纷纷投身革命之中，并且希望能够把自由带回荷兰，将荷兰从专制的枷锁之中解放出来。而威廉五世领导的荷兰则在此时加入了反法同盟，妄图将革命的火焰阻挡在荷兰之外。

1794 年冬，由查尔斯·皮赫格鲁率领的一支法国军队穿越冰封的莱茵河直扑荷兰腹地，而赫尔曼·威廉·丹德尔斯率领的荷兰军队在遭遇战中一败涂地。此时，在荷兰国内有部分人民认为这是一场解放战争，所以对法国的入侵持支持态度，因此法军能够迅速击败荷兰军队。在法军入侵期

> 着色版画《真正的爱国者寓言》

荷兰国立博物馆藏。画面中央缠绕着橙色丝带的方尖碑代表着奥兰治家族，碑下的狮子指代威廉五世，右边是他的妻子和孩子，左边的人群是七省的代表，画面的右下角是普鲁士士兵在殴打爱国党人。这幅作品反映了1788年爱国党起义失败后的情景。

间，荷兰各大城市纷纷响应，爆发反奥兰治的起义。起义后成立的革命委员会迅速接管了地方政府以及中央政府，直至法军到来。1795 年 1 月 18 日，惊慌失措的威廉五世被迫乘坐渔船逃往英国。

新的共和

尽管法国人自己将自己定位为荷兰的解放者，但他们的行为看起来更像是征服者。法国人和荷兰革命委员会经过激烈的谈判之后，法国终于同意荷兰建立新的共和国——巴塔维亚共和国。1795 年 5 月 16 日，法国和新的共和国签订了条件苛刻的《海牙条约》，条约规定巴塔维亚共和国必须割让部分领土给法国，同时支付巨额赔款，并要求在共和国内驻扎一支 2.5 万人的军队以保证共和国的安全。这样的条款意味着巴塔维亚共和国不过就是法国的傀儡政权，其外交和军事的决策权都在法国的掌握之下，甚至巴塔维亚共和国的经济政策也要服从法国的利益。即便如此，巴塔维亚共和国的改革依然受到了荷兰人民的拥护，因为当时改革的政策主要是为了满足人民的需求和期望。

▼ 版画《巴塔维亚共和国与法国结盟》

荷兰国立博物馆藏。作品描绘了巴塔维亚共和国和法国签署《海牙条约》的场景。可以说，自从有了这份条约，巴塔维亚共和国就已经自愿沦为法国的附庸。

宪法的制定

一开始，巴塔维亚共和国依旧在沿用旧共和国的宪政体制。1787 年，

^ 着色版画《巴塔维亚共和国第一次国民议会召开》

荷兰国立博物馆藏。这幅版画描绘了1796年3月1日巴塔维亚共和国第一次国民会议在海牙召开时的场景，所有的代表都披着绶带，主席台的左侧是国民议会竹西彼得·保罗斯，右侧一位议员正在发言。

流亡法国的爱国党人返回荷兰，率先清除了议会中支持奥兰治家族的橙带党，并且重新召开议会，废除一切奥兰治家族所遗留下的规矩。1795 年夏，底层的民主运动悄然兴起，民主运动以集会的形式流行起来。同年秋，国民议会平稳地完成改组，官方声称"一切都是为了宪政"，巴塔维亚国民议会被赋予完整的行政能力以及立法和组织国家机关的权力。但是国民议会受到了保守派的反对，以至于佛里斯兰省和格罗宁根省出动军队镇压了反动派，才保证国民议会于1796年3月1日在海牙召开。

1796年，国民议会成立了宪法委员会，委员会提交了一份延续旧的联邦制度的报告。这个报告是统一民主党不能接受的，经过多次磋商和妥协，最终形成了新宪法的基础。国民议会最终制定的宪法和1795年的法国宪法如出一辙。

然而宪法草案却受到法国大使诺埃尔的干涉，导致宪法重新回炉。与此同时，法国发生的政变也影响到巴塔维亚，激进派趁机在国民议会中取得多数席位。1797年12月12日，国民议会发布了《43条宣言》，其中有9条宣言被纳入新宪法之中。正当制宪工作迅速推进的时候，事情却发生了变故。新任法国大使查尔斯—弗朗索瓦·德拉克洛瓦直接插手制宪工作，他指派50位激进派人士自行筹组国民制宪议会，所有提案均依照激进派的方针制定，而国民议会中其他势力的成员大多被逮捕（最重要的就是联邦派的势力被铲除），各省的主权能

◣ 版画《1798年宪法的讽刺漫画》

荷兰国立博物馆藏。这是一幅讽刺1798年宪法的漫画，一个标准的巴塔维亚共和国新贵族打扮的人，在他的脚底下踩着一张纸，纸上写着"人的权利"。无情地嘲讽了这部宪法对人权的践踏。

> 油画《巴塔维亚共和国财政部长艾萨克·扬·亚历山大·戈格尔肖像》

荷兰国立博物馆藏。马修斯·伊格纳修斯·范·布雷绘制。戈格尔是巴塔维亚共和国1798年宪法的制定者之一。新宪法颁布之后，戈格尔出任巴塔维亚共和国的财政部长，并在1805年推行新的税收制度。他最大的功绩是1798年倡导建立了荷兰国立博物馆。

力均遭废除，有不同意见的议员也都遭到驱逐，"临时执行约法"被通过，最后宪法委员会被裁减到7人。

现在宪法的议题不过就是法国人消遣的项目而已。1797年10月至1798年1月，宪法委员会一直在讨论宪法的制定，除了决定把奥兰治家族的支持者从选举名册中删除之外，其他条款都得到了议会的认可。但是法国大使否决了宪法中以下三点原则：普选权（实施选举的财产限制）、修宪的期限延长为五年以及两院制。

新宪法解决了自1785年以来爱国者革命中的改革议题。现在他们不再位居闲职，还可以向官员问责，他们奉行经济自由主义（和前共和国时代主张的重商主义刚好相反），在此之前经济的主张早就争论已久，爱国者们废除了行会，消除了贸易障碍，旧制度中由省级单位负责财政的制度现在被国家取代，行政单位由五位执政主导，并设有八个部执行国家的各种事务：外交部、内政暨警察部、法务部、财政部、战争部、海军部、国家教育部、国家经济部。

法国如此建设巴塔维亚共和国，很重要的目的在于它必须建立一个模范，让之后的附庸国能够效仿。1798年3月17日，巴塔维亚共和国实行公民投票，以 153913 赞成对 11587 反对的结果，使巴塔维亚宪法生效。

动荡不安的共和国

伴随着宪法制定的成功，激进派开始仿效法国大革命的恐怖政策，对反对者进行清洗，这导致激进派失去了民心。多数人民为了反击食言而肥的新政权，决定成立新的议会——人民代表大会。与此同时，法国大使德拉克洛瓦遭到刺杀，从而导致法国支持的激进派政权彻底垮台。1798 年 7 月 31 日，巴塔维亚共和国重新组织选举并且召开人民代表大会，8 月，撤换所有的执政，国民代表大会也重新召开。修改宪法又成了最主要的施政手段。宪法很快就新鲜出炉。

这一次的宪法首先明文规范了执政团的年龄限制，年轻一代的爱国党人登上了政治舞台。与此同时，他们将巴塔维亚划分成三个省份：阿姆斯丹（阿姆斯特丹及其周围地区）、德克斯（荷兰北部）以及达夫（荷兰南部），其目的在于中央政府可以有效地掌握全国的所有地方政权。

1799 年 3 月，巴塔维亚共和国举行第一次行政部门的选举，其角色和地位就是为了执行中央政府所赋予的任务。爱国者为了转移人民的目标，开始尝试和其他派系缔造民族团结的现象，当然终极目标仍是在维持单一制国家的现象。

△ 彩印版画《巴塔维亚共和国海军军旗》

巴塔维亚共和国的消失

作为法国的盟友和附庸，巴塔维亚共和国一开始就被绑在了法国的战车上，并且参加了第二次联盟战争。1799 年 8 月 27 日，一支 3.2 万人的

< 油画《斯希梅尔佩南肖像》

荷兰国立博物馆藏。查尔斯·霍华德·霍奇斯绘制。斯希梅尔佩南在荷兰王国被法国吞并之后，成为法国参议员，定居巴黎。1815年荷兰复国之后，他在威廉一世的请求下返回荷兰，于1825年去世。

英俄联军登陆登海尔德，并且占领了阿尔克马尔。10月26日，法国军队在赫尔曼·维勒姆·达德尔斯的率领下进入荷兰，并在塔斯特里克木战役中战胜了英俄盟军。虽然是一场胜仗，但对于巴塔维亚共和国来说并没有什么好处。英国海军在此后封锁了荷兰沿海，荷兰海外贸易完全中断，并且荷兰的海外殖民地也被英国不断蚕食。巴塔维亚共和国经济危机十分严峻，阿姆斯特丹和莱顿等城市不得不实行粮食配给。

在这样的背景下，人民开始对革命丧失热情，法国人越来越多地被视为侵略者而不是解放者。1801年10月16日，巴塔维亚共和国再次颁布宪法，将共和国改为巴塔维亚联邦。这次修宪和改变政体是拉格特·扬·斯希梅尔佩南向拿破仑进言的结果。即便如此，拿破仑还是对新的政府不满意。1805年，拿破仑直接命令斯希梅尔佩南组建新的政府。一年之后，拿破仑抛弃斯希梅尔佩南，建立了荷兰王国，任命自己的弟弟路易·波拿巴为国王。1810年，荷兰王国被拿破仑直接吞并，结束了它的傀儡生涯。

关键词：荷兰王国／南北统合／比利时独立

威廉一世和荷兰复国

▪ 1772 年 ~ 1843 年

　　随着拿破仑帝国的灭亡，荷兰终于摆脱了傀儡的命运。威廉一世重整旗鼓，再造山河，建立了全新的荷兰王国。威廉一世在位期间大力推行南工业、北商贸的发展政策，经济上成绩斐然，因而被称为"商人国王"。但是在推行加尔文教和荷兰语的国策上，却引起了以天主教和法语占优势的南方比利时地区的反对，最终导致比利时独立。因此又被称为"开明的暴君"。

国王归来

　　威廉一世原名威廉·弗雷德里克，1772 年生于荷兰海牙，是荷兰执政威廉五世的长子。幼年的时候，他曾随瑞士数学家欧拉学习数学，随荷兰历史学家赫尔曼·托利乌斯学习历史，军事方面曾受到弗雷德里克·斯坦福德亲王的指导。1788 年进入布伦瑞克军校学习，后又在莱顿大学学习。法国大革命爆发之后，威廉一世被任命为荷兰机动军团的指挥官，曾经参加过多次战役。1795 年巴塔维亚革命爆发后，威廉一世随从父亲逃往英国。

　　1799 年英俄联军进攻荷兰的时候，威廉一世也曾随同前往，随着联军的失败，他再度回到英国，并且在英国组建了一支部队，称为荷兰旅。随着英国和拿破仑签署和平条约，1802 年这支部队被解散。此后，他曾多次参加反对拿破仑的战争，甚至被俘，但是拿破仑赦免了他，同时剥夺了他领导的纳索—奥兰治—富尔达公国。

1806 年，威廉一世继承了父亲死后的奥兰治亲王爵位。1813 年，拿破仑在莱比锡战败之后，法国军队撤离荷兰。11 月，一些前橙带党和爱国党组成了临时政府。虽然这个临时政府中的许多人曾经反对过奥兰治家族，但是面对法国人留下的烂摊子，他们还是希望奥兰治亲王回归。11 月 30 日，威廉一世在接到临时政府的邀请之后，在荷兰的斯海弗宁恩登陆。12 月 6 日，临时政府希望他出任国王，被他拒绝，而是宣称自己是"荷兰君主亲王"，他希望通过"明智的宪法"保障人民的权利。新的宪法赋予了威廉一世几乎绝对的权力，各部部长只对他负责。1814 年 3 月 30 日，威廉一世在阿姆斯特丹新教堂即位主权亲王，8 月，又获得了前奥地利荷兰和列日主教区亲王头衔，随即担任卢森堡大公。

∧ 油画《荷兰国王威廉一世肖像》

荷兰国立博物馆藏。约瑟夫·帕林克绘制。威廉一世身穿将军制服，外罩红色貂皮长袍，他的右侧是国王的宝座，左侧有一张桌子，桌子上有印度尼西亚地图和王冠。

1815 年，威廉一世在维也纳会议中得到了南尼德兰（比利时）的统治权，被正式确认为荷兰联合王国的国王。

按照新的宪法，联合王国内阁只对国王负责，不必向议会负责。荷兰开始推行两院制，上议院是国王自选的贵族与代言人，下议院的议员则是由极富者选出，但是南北尼德兰的议员数都只有 55 人，不符合南方较多的人口比例（北方 200 万人，南方 350 万人），这就埋下了日后比利时独立的种子。

南北统合的梦想

威廉一世梦想创造一个南北合一的尼德兰民族，因此极力鼓吹"大尼德兰"意识，雇用史学家撰写南北尼德兰的共同历史，鼓励画家创作过往尼德兰发展的"历史画"，在宗教、语文、出版检查上强制推动南尼德兰的同化政策，造成南尼德兰各阶层的大力反弹。

首先在学校与教职人员的培训上，威廉实行政教分离的教育政策，这在北方自 1806 年就已接受的改良，却在南方受到主流的天主教徒抵制。随着这些政策的不断细化，引起了南方的天主教士的极度不安。其次，在宗教政策上，威廉经过多次与梵蒂冈的谈判之后，终于在 1827 年对天主教的主教任命权达成协议：（1）恢复主教等级制；（2）主教座堂的教士们在开会决定主教候选人时，必须向国王征询意见，而国王有权接受或拒绝候选人。然而这项协定并未真切落实，促使天主教士更加积极地和南方的自由主义者合作来反抗这位新教的国王。再次，在语言政策上，也因强制推行荷兰标准语而遭到南方人的巨大怨恨。王国政府还规定不通荷文者禁止担任公职，更加使南方人强烈不满。

随着南方的反抗越来越剧烈，威廉一世的南北统合之路彻底失败。威廉一世曾说："当我只管理北方时，比我现在做南北两方的国王快乐百倍。"

∧ 油画《1817年10月9日威廉一世出席根特大学成立大典》

荷兰国立博物馆藏。马修斯·伊格纳修斯·范·布雷绘制。根特大学是在威廉一世的倡导下建立的,成立的目的是为了改善南方教育落后的局面。当时根特大学设立了艺术、法律、医学和科学四个学院。

卓越的经济成就

　　威廉一世在经济上是一个积极成功的建设者,他希望南方的工业和北方的商业能够同时迅速发展,因此他建立信贷,扩展运河,铺设道路,成立工会,设立国家工业基金会、尼德兰贸易协会。1824 年,威廉一世成立的荷兰贸易公司,创立资金是 3700 万荷兰盾,其中他用个人财产投资了 400 万荷兰盾。荷兰贸易公司原为整合南尼德兰的工业与北尼德兰的贸易及船业而设,垄断了在东印度群岛"强迫种植"的之农作物的运输权,特别是将咖啡和蔗糖运至荷兰而获得巨额利润。

　　威廉一世开办荷兰银行来控管金融市场、发行国币，并鼓励船业、工业贸易和渔农业。他尤其注重工业，让国家对工业贷款，使（比利时的）煤铁、纺织等工业成为欧陆首屈一指。总之，威廉的策略是将南方的工业品运到北方，再用北方的船队将商品输出国外或殖民地，回程时再将殖民地的原料和资金运回国内，这套经济方针获得巨大的成功，使得荷兰王国正式成为欧洲的经济强国，几乎追上 17 世纪"海上马车夫"的国际地位，但也引来英、法的敌视及 1830 年的打压。而国内南北的经济发展不同，在 19 世纪 20 年代巨大的经济萧条来袭后，使得南方农民及实业家的不满迅速转为独立的行动。

比利时独立

因为南十省与北七省之间，早已积累许多历史发展带来的分歧，并广泛体现在政治、经济、宗教与语言等不同方面。在政治上，南方许多自由派人士反对威廉国王进行中央集权的统治。

受 1830 年法国七月革命的感染，以及 1829 年至 1830 年严重歉收及

∧ 油画《1830 年 9 月 1 日比利时布鲁塞尔大广场上的集会》

工业衰落、失业率飙升的社会大动荡，南方自由派人士与天主教人士难得站在同一阵线，反对威廉一世的统治。1830 年 8 月 25 日，焦虑不安的群众在布鲁塞尔广场听到歌剧院传来"波地奇的哑女"之后，"爱国主义"（爱国迥异于国家主义、民族主义）受到激昂的咏叹调（《我对祖国神圣的爱》）鼓舞，开始了一连串无法遏止的暴乱行动。

终于，南方十省在先后历经西班牙、奥地利、法国与荷兰统治后，终于走向独立。1830 年 11 月，成立一个月的比利时国家议会宣布脱离荷兰统治，成立比利时王国，并在英、法两国军队的帮助下击败荷军，特别是安特卫普的荷军被迫在 1832 年 12 月 23 日投降法军。经过短短 15 年光景，南北尼德兰再度分道扬镳。往后数年间，荷兰与比利时之间持续存在大小不等的战争，威廉一世在荷兰的经济成就被战争损害，居高不下的战争费用及列强的贸易封锁使荷兰民众怨声四起。一直到 1839 年，威廉一世才正式签署协议，接受比利时独立的事实。

威廉一世退位

失去比利时后的威廉一世极其沮丧，渐萌退位打算，加上 19 世纪 40 年代欧洲自由主义当道并向保守主义挑战，荷兰也兴起自由化的宪法修订浪潮，保守的威廉只做部分的让步，使得人民对他的支持度继续下降。让步虽让国王仍保持政策主导权，但其特权开始受到议会限制，诸如：预算审查从十年一次缩短成两年一次、国王对印尼等殖民地的收入受议会监督、裁减官僚数目等。

威廉一世无法适应这样的变化，再加上他意图迎娶比利时籍的天主教新皇后——亨利埃塔，遭受到新教人民的舆论非难。因此他宣布退位，由其子威廉二世来应付这一新的局势。三年后，威廉一世病逝。到了 1848年革命再起之时，威廉二世最终放弃了君主大权，成为统而不治的立宪君主。

从威廉二世到威廉三世

▪ 1840 年 ~ 1890 年

荷兰国王威廉一世在经历了比利时独立的痛楚之后，就萌生了退意。加之当时欧洲自由主义当道，荷兰兴起了自由化修订宪法的浪潮，虽然威廉一世有所让步，但是年迈的国王已经无法适应复杂的局势，因此宣布退位，他的儿子威廉二世成为国王，去面对新的挑战。

威廉二世和1848年宪法修订

威廉二世 1792 年生于荷兰海牙，他的母亲是普鲁士的威廉明娜。1795 年 1 月巴塔维亚共和国成立的时候，他和家人一起逃亡了英国。5 岁的时候，威廉二世又和家人来到了柏林，在那里，威廉二世成了普鲁士王子的好友，并在柏林军事学院接受了教育。1809 年至 1811 年，威廉二世进入牛津大学学习。毕业后加入了英国军队，曾参加过巴达霍斯堡战役和萨拉曼卡战役。1813 年随父亲威廉一世返回荷兰。1815 年威廉一世成为荷兰联合王国国王，威廉二世被确立为继承人。在滑铁卢战役中，威廉二世在威灵顿公爵麾下英勇作战，肩膀严重受伤，因此在国内外被视为击败拿破仑的英雄之一。

此后，威廉二世被任命为联合王国的国防部长。但是威廉二世并不是一个安分守己的人，当他住在布鲁塞尔的时候，就和法国革命者交从过密，甚至图谋推翻波旁王朝。这些活动被威廉一世得知，威廉一世对他严厉斥责。孰料威廉二世不思悔改，1820 年法国又发生了一起反对路易十八的事件，而威廉二世再次牵涉其中。为了避免更大的麻烦，威廉二世被召回海牙。1829 年至 1840 年，威廉二世一直是威廉一世重要的顾问和助手。

^ 油画《荷兰国王威廉二世肖像》

荷兰国立博物馆藏。扬·亚当·克鲁斯曼绘制。这是一幅非正式的威廉二世肖像，他身着军装，自然地靠在沙丘上，旁边是他的猎狗。整个画面充满了浪漫主义气息。

1840 年 11 月 28 日，威廉二世在阿姆斯特丹即位，正式成为国王。而此时的欧洲却陷入了革命的浪潮之中，威廉二世一即位就面临着严峻的考验。尤其是法国国王路易·菲利普在革命中被废，这给威廉二世的冲击很大，他也担心自己的王位不保。1844 年，国会向威廉二世提出修改宪法，但是被他拒绝。随后，九名议员倡议众议院举行直接选举，并且要求施行部长负责制。威廉二世对此事的回应

v 油画《滑铁卢之战》

荷兰国立博物馆藏。扬·威廉·皮内曼绘制。这是荷兰国立博物馆尺寸最大的一幅油画，画高5.67米，宽8.23米。画的正中央是英国和荷兰军队的指挥官威灵顿。在画面的左边是还是王储的威廉二世。这幅画本来是为威灵顿绘制的，后来威廉一世看到了这幅作品，尤其是里面有受伤的威廉二世，因此将这幅画买了下来，最终留在了荷兰。

∧ 1848年荷兰宪法首页
荷兰国家档案馆藏。这
份手写宪法首页，罗列
了托尔贝克等人签名，
是荷兰君主立宪制的实
物史料。

是："即使这份议案放在了脚架的旁边，他也永远不会接受这个提议。"由于当时的参议院由国王任命，因此这份议案在参议院未能获得通过，但是 1845 年众议院接受了这份议案。到了 1847 年，在形势的逼迫下，威廉二世宣布进行宪法改革，并在 1848 年年初形成了 27 项提案，但是这些提案并没有改变现行的政府制度。

1848 年，革命的浪潮汹涌来袭，阿姆斯特丹和海牙发生骚乱，威廉二世面对革命浪潮惊慌失措，于 3 月 17 日迅速任命了一个宪法委员会，负责修宪事宜。宪法委员会虽然有五个人，但主要操盘的却是约翰·鲁道夫·托尔贝克，整个宪法的修订草案几乎是他单枪匹马完成的。这部宪法主要内容在于减少和削弱国王的权力，将大部分权力转移到国会。新的宪法很快就被通过，荷兰正式成为君主立宪制国家。

威廉二世成为立宪君主的时间很短，在修宪后不久，爱子亚历山大去世使他的身体状况迅速恶化。1849 年 3 月 17 日，威廉二世在蒂尔堡去世。

威廉三世时代

威廉三世是威廉二世的长子，对于威廉二世接受宪法修订，威廉三世大为不满，尤其是里面只限制王权的条款。在新的宪法生效前三天，威廉三世在写给妹妹的信中说："我再说一遍，我无法将这种危险的国家原则同我的良心、责任结合起来。我将做出以下决定——永远地放弃作为王位继承人和奥兰治亲王继承人的权力。"他甚至试图说服威廉二世拒绝修订后的宪法，但是威廉二世拒绝了他。一气之下，威廉三世跑到了英国。在威廉二世逝世之后的第二天，威廉三世才知道父亲去世的消息，最终在国会和首相托尔贝克的劝说下，于 1849 年 5 月 12 日即位。

在威廉三世即位后的前二十年，他行事特点基本上就是抵制君主立宪制。最典型的事件是 1853 年的四月运动（荷兰新教徒和保守派抗议教皇在荷兰恢复主教等级制度的运动）爆发之后，首相托尔贝克提出了一个折

< 油画《威廉三世肖像》

荷兰皇家收藏馆藏。尼古拉斯·皮内曼绘制。这是一幅威廉三世的标准画像，他身穿军装，胸前佩戴者三枚勋章，披着红色的貂皮长袍，手挂佩剑。在他身边的桌子上，放着由天鹅绒衬垫衬托着的王冠。

中方案，即教会和国家的分立意味着政府对天主教教徒在教区的活动无权干涉。然而威廉三世却在阿姆斯特丹接受了反罗马天主教的请愿书，并发表了一篇演讲。这种和政府唱反调的举动，导致了内阁请辞。1854年9月，斯希丹发生骚乱，一名炮兵在骚乱中死亡。威廉三世以武装部队总司令的身份以书面命令派遣一艘战舰前往斯希丹。但是这个命令被战争部长拒绝，并且规劝威廉三世收回成命。威廉三世一意孤行，最终在国会特别会议上被议员们一致谴责，只得收回命令。这些事件表明威廉三世对于宪法的抵触一直都存在。在1856年卢森堡政变中，威廉三世抛开议会和内阁单方面制定了一部卢森堡宪法，规定由他亲自统治卢森堡。1867年，法国提出收购卢森堡，引发卢森堡危机，几乎导致普鲁士和法国爆发战争。在英国的调和下，卢森堡成为独立的国家。

可以说，在威廉三世的统治时期内，他不断地对宪法和议会进行挑衅，议会和内阁对威廉三世十分不满。但是威廉三世却深受民众欢迎，尤其是在1855年和1861年洪灾期间，他亲赴灾区，慰问受灾民众，积极进行赈灾。然而威廉三世的性格却很暴躁，他在发怒的时候会殴打仆人，恐吓和羞辱大臣，以至于他身边的人认为他在某种程度上已经疯了。

∨ 威廉三世使用过的木槌

荷兰国立博物馆藏。1861年聚特芬至埃瑟尔铁路开工建设的时候，威廉三世用这个木槌象征性地砸下了一块石头，预示着荷兰铁路建设的开始。木槌上装饰着凿子和折尺图案以及王室纹章。

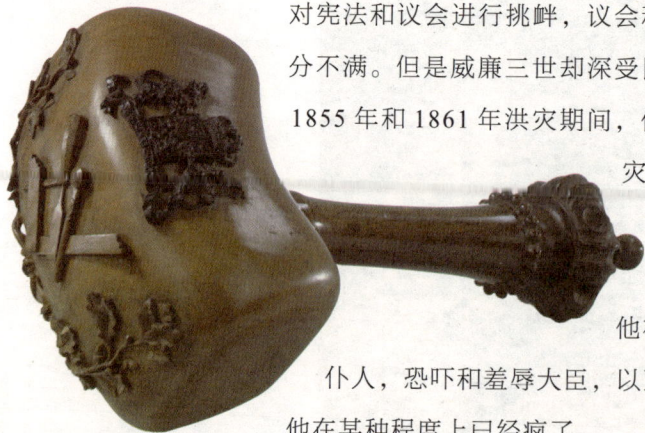

威廉三世的婚姻也很混乱。他的第一任妻子是符腾堡国王威廉一世的女儿苏菲，他们两人的婚姻并不美满，作为一个自由知识分子，苏菲痛恨独裁，和威廉三世的性格截然相反。因此苏菲称威廉三世是一个"未受过教育的农民"。而威廉三世还有很多情妇，以至于当时的《纽约时报》将他称为"这个时代最伟大的浪子"。苏菲和威廉三世生了三个孩子，但最终二人还是选择了离婚，而这三个孩子都先于威廉三世去世。1879年，威廉决定娶瓦尔德克—皮尔蒙特的埃玛公主为妻，埃玛是威廉的远方堂妹——拿骚—魏尔堡的海伦娜的女儿。一些政客们颇为气愤，因为她比国王小41岁。当威廉得到议会许可，两人很快就结婚了。婚后，埃玛为威廉三世生了一个女儿，这就是威廉敏娜女王。

1888年10月之后，威廉三世的健康状况开始恶化，更加喜怒无常，无法处理国事。1890年11月23日，威廉三世去世，年仅10岁的威廉敏娜继承王位，并由她的母亲埃玛摄政。

∧ 威廉二世和威廉三世使用过的国王宝座

荷兰国立博物馆藏。这个宝座曾经坐过威廉二世、威廉三世和威廉敏娜三位国王，宝座椅背上是金漆装饰的狮子和王冠，下部基座为狮爪造型。座套上刺绣着王冠和字母"W"。

VISIBLE
HISTORY OF THE
WORLD

关键词：后印象派／向日葵／星夜

印象凡·高

■ 1853 年 ~ 1890 年

后印象派画家凡·高，原名文森特·威廉·凡·高，他出生在荷兰的一个新教牧师家里，是印象派主义的先导者，是19世纪最杰出的艺术家之一，其影响贯穿了整个20世纪。

"孤僻天才"

凡·高的一生，可以说是比较"失败"的。就名利方面，他无欲无求，即便是在感情上，也没有可与之相守一生的人。他生活一贫如洗，受尽冷眼，寻求不到能够赏识自己的伯乐。他怀才不遇，加上碌碌终生，使得他在生命的最后两年里，受尽病痛折磨。但就是在这种苦难经历下，他还为人间创作了前所未有的辉煌艺术。凡·高是艺术界的奇迹，是精神病里的天才，他创造了至高的价值，他为艺术奉献了一生，直到去世，画作才渐渐被人知晓。

凡·高一生为艺术创作而活着，那这位"孤僻天才"到底是如何走进绘画世界的呢？

凡·高出生在荷兰的一个农村家庭里，早年的他从未接触到绘画，做过各种杂活，兴许是性格使然，他充满幻想，爱走极端，使得事业处于低谷而处处碰壁，也许正是由于在生活中的不如意，才奠定了他在绘画艺术路上的基石。

投身到艺术后的凡·高决心在绘画里做出一番成就，由于受到荷兰传统画派及法国写实主义画派的影响，他早期的画风趋向于写实。凡·高的早期创作以灰暗色系为主，这种状态一直持续到他在巴黎接触到印象派和新印象派并将其画风的艳丽特点融合到创作里后，才有所改变。正是因为这种改变，才造就了他非同一般的独特画风。他的画风多了灵动，多了自然。在此过程中，凡·高还接触了日本浮世绘的创作，视野再一次拓宽，画风开始发生一系列的变化。借鉴融合下，他的绘画风格开始由早期的阴暗沉闷转变到了简洁明亮，色彩也随之发生了强烈的变化。

∧ 油画《凡·高自画像》荷兰国立博物馆藏。凡·高从弟弟西奥那里听说关于新风格和色彩法国绘画艺术之后，便于1886年去了巴黎，在巴黎凡·高尝试创作一些法国风格的自画像。这幅作品就是1887年在法国绘制的，他将自己描绘成一个具有典型法国装束的人，色彩醒目，笔触极具节奏感。

凡·高的传世《向日葵》

作为 19 世纪的绘画天才，凡·高创作无数，而其中最著名的，莫过于那一幅超脱世俗的传世之作《向日葵》，这幅传世之作是在什么背景下出世的呢？

∧ 油画《瓶子中的十二朵向日葵》

德国慕尼黑新绘画陈列馆藏。在1888年8月至1889年1月期间，凡·高绘制了一系列以插在瓶中的向日葵为主题的油画，瓶中向日葵朵数不一，或3朵，或5朵，或12朵，或15朵，其中绘有12朵向日葵的作品共两幅。对于这些作品，凡·高在给弟弟西奥的信中说："不知何故，向日葵是我的。"足见其对这一系列作品的重视。

向日葵有"太阳之光"的美称，它象征光和热，而凡·高喜欢的，正是它这种向往太阳的鲜明与光辉。在凡·高眼里，向日葵就是他内心苦痛与强烈感情生活的写照，他对向日葵有种特殊的情感，那是一种精神上的崇拜。

创作《向日葵》时，刚好处于凡·高的艺术成熟期，这期间他热衷于黄色，大篇幅地用黄色创作。对于他来说，黄色象征的是太阳，意义重大。他用向日葵的各种姿态来表达自己的爱，有时甚至会沉迷其中将自己比作向日葵，如同庄周梦蝶，用向日葵的视角去看世界。正是由于他这种对于光和热的执着，才造就了《向日葵》作品的极大成功。

除此之外，凡·高创作的《星夜》，在艺术界也有不同凡响的意义，这幅作品的艺术成就，几乎超出了所有拜占庭与罗马艺术家。

简单来说，《星夜》是一幅风景画，奇特之处，就在于它的画风既亲近又遥远，既清晰又苍茫。凡·高的创作灵感来源于一些印象主义风景画，《星夜》是1889年6月凡·高生病期间在圣雷米疗养院所画。在作这幅画的时候，他的病情时好时坏，神智时而清醒时而模糊。他利用一切神志清醒的时刻作画。在色彩上，他特意运用了蓝色和紫罗兰，期间有规则地加入跳动着的星星，描绘出发光的黄色。这幅图的前景里有着深绿和棕色的白杨树，被包围在整个世界的茫茫之夜里。《星夜》的创作是对整个太阳系的审判，颜色搭配明暗适中，真的好像星星在眨眼。

凡·高对人物构图充满了浓烈的激情与兴趣，他与同一时代的艺术家一样，继承了肖像画的伟大传统，他像研究自然一样去研究人，将二者相互融合，从刚开始的素摹小像一直到1890年，他在自杀前所画的一些自画像都是如此。这些肖像图真实地再现了疯子在凝视他人时的可怕与紧张神态。

< 油画《星夜》

美国纽约现代艺术博物馆藏。油画中的主色调蓝色代表不开心、阴沉的感觉。很粗的笔触代表忧愁。画中景象是一个望出窗外的景象。画中的树是柏树，但画得像黑色火舌一般，直上云端，令人有不安之感。天空的纹理像涡状星系，并伴随众多星点，而月亮则是以昏黄的月蚀形式出现。整幅画中，底部的村落是以平直、粗短的线条绘画，表现出一种宁静；但与上部粗犷弯曲的线条却产生强烈的对比，在这种高度夸张变形和强烈视觉对比中体现出了画家躁动不安的情感和迷幻的意象世界。

∧ 油画《鸢尾花》

美国保罗·盖蒂美术馆藏。这幅作品创作于1899年，即凡·高去世的前一年，是他在进入圣雷米精神病院之后的作品。他自己曾说这幅画是"我生病的避雷针"，它自己感觉只有继续画画才能防止自己更加疯狂。这幅作品受到了日本浮世绘的影响，通过强烈的轮廓描绘、不同寻常的角度、独特的构图以及局部色彩的变化，让整个画面显得柔软轻盈，充满生机。西奥在给凡·高的信中说："它（鸢尾花）从远处就能引起人们的注意。鸢尾花是一个充满氧气和生命的美丽作品。"

凡·高和他的两个"知音"

凡·高一生为艺术献身，他痴迷，狂热，孤僻，冷傲，而就是这样的一个人，却有着两个能称之为"知音"的人，这两个人就是他的弟弟西奥和卢郎先生。

凡·高的弟弟西奥，是他一生的知己，在凡·高穷困潦倒无以维持生活的时候，是弟弟西奥寄钱安慰他失意的哥哥，可以说，西奥不只是凡·高的至亲，更是他在生活上的精神支柱。凡·高在后期创作的过程中，有不少经费都是西奥帮他支付的，也正是有了他无私的资助与付出，才使得凡·高在绘画创作的领域上极力飞驰。

只是可惜，不论是西奥，还是凡·高本人，都没有亲眼目睹自己在绘画领域取得的巨大成功。肉体的病痛加上精神方面的困扰，终于使得凡·高在 35 岁的时候亲手割下了自己的耳朵。之后的凡·高在精神疾病的缠绕下更是尝试着用各种苦痛来折磨自己，让自己保持清醒作画。两年后，他在用枪击中自己的胸口后躺在西奥的怀里逝去，一代艺术绘画天才就这样结束了自己年轻的生命，而其弟弟西奥，也在哥哥去世后的半年时间里，承受不了巨大的苦痛导致精神失常最终随哥哥离去。若没有弟弟的支持，或许这位传奇画师早就告别了艺术，告别了生命。

凡·高的另一位知己卢朗先生是一位邮递员，两人相识于一大片麦田里，凡·高幽默的谈吐让这位邮递员先生对他产生了浓厚的兴趣。后来二人在你来我往的过程中慢慢熟识。卢朗先生曾评价凡·高画中的一切是活物，感觉生活就该如画。这让凡·高备受鼓舞，还经常为卢朗先生画肖像。这个过程是享受的，一个享受为懂自己的人作画，一个享受做艺术的模特。卢朗先生无疑是凡·高人生中的一抹亮点，两人间的友谊纯真质朴，不掺杂任何其他东西。凡·高在享受这份淳厚友谊的同时也给他的创作带来了无比的欢乐。

> 油画《割耳朵后的自画像》

英国考陶尔德艺术学院藏。画中的凡·高头缠绷带，面孔消瘦，眼睛深陷，流露出悲愤和绝望的感情，整个画面好像处于滚动的波涛之中，汹涌的狂流似乎在威胁着狂热不安的画家，给人造成一种巨大的视觉冲击力量。这幅自画像是凡·高在自己割下耳朵后不久创作的，尽管从画面上看其伤势严重而显著，可是这幅自画像却没有受苦难的画家的迹象。

关键词：物理学／电磁场理论

物理学家洛伦兹

▪ 1853 年～ 1928 年

洛伦兹，全名亨德利克·洛伦兹，荷兰物理学家，其科学贡献在他所生活的年代备受关注，在国际上都享有盛誉。与此同时，他的自由精神也对世界各国的发展进程和国际关系产生了重大影响。洛伦兹的思维十分拓活跃，虽然在基督教的环境里长大，但是却是一个自由思想家。

学霸的生平

洛伦兹 1853 年 7 月 8 日生于阿纳姆，从小成绩优异，特别是对物理的兴趣尤其浓厚。洛伦兹兴趣十分广泛，喜欢阅读历史和小说，并且掌握了多门外语。在莱顿大学得到博士学位后，在该校任教。任教 35 年间，也没有松懈，一直活跃在物理学界，期间做出了许多物理学贡献。他后来辞去教授职务，去哈勒姆担任博物馆的顾问，同时兼任莱顿大学名誉教授。之后他又去了荷兰政府中任职，后期又转到教育部门工作，1921 年起担任高等教育部长。他也担任过索尔维物理学会议的固定主席、世界上许多科学院的外国院士和科学学会的外国会员。

自由"导师"和引导者

洛伦兹根据物质电结构的假说，成功地解释了相当多的物理现象，从而创立了经典电子论。在与学生塞曼因研究磁场对辐射现象的影响时，发现并证实了塞曼效应和塞曼共获 1902 年诺贝尔物理学奖。

洛伦兹的电磁场理论研究成果，在现代物理中占有重要地位，例如洛伦兹力、塞曼效应等。其中许多从他那里学习电动力学的理论物理学家认为，经典电子论是洛伦兹这

∧ 洛伦兹肖像

一生之中最伟大的贡献之一。通过这一次的铺垫，洛伦兹一步一步脚踏实地地走上了物理学的巅峰。

在新物理学开始崛起的时候，洛伦兹也推导过黑体辐射能量分布公式，而当时他只能用自己的理论计算能量谱的长波极限。而在了解到普朗克的量子假设与自己的电子论基础完全不同之后，1908 年，洛伦兹通过实验得出结论，并用有利于普朗克的量子论的口吻说明，普朗克理论是唯一能够解释黑体辐射整个光谱的学说。正因如此，洛伦兹成为最早能这样指出并强调量子假说和电子论假说之间存在深刻对立的人之一。

无数的研究成果见证了洛伦兹的物理学天赋。爱因斯坦曾经说过，洛伦兹的成就"对我产生了最伟大的影响"，"他是我们时代最伟大、最高尚的人"。从爱因斯坦的这两句话里，我们可以看出洛伦兹在科学和精神两方面所达到的极大高度。

除了诺贝尔物理学奖，洛伦兹还获得过英国皇家学会的伦福特和科普

利奖章，获得过巴黎大学和剑桥大学名誉博士、德国物理学会和英国皇家学会国外会员等光荣称号。

海纳百川的大师风范

作为第一代理论物理学家，洛伦兹的独特之处在于，他是当代开拓思想的先锋，他不会局限于从简单的远离上去发散思维以及论证，单从洛伦兹在莱顿大学的就职演讲中就可以了解到，他的开放态度，不只是拘泥在一个小层面，无论是对新鲜事物和思想的接受程度还是与从世界各地慕名而来的青年物理学家的个人交往。洛伦兹从不干扰别人的思想，他和其他物理学家的关系是靠和善而平淡来维持的。

洛伦兹曾提到过，研究物理学的目的就是用一种简单的基本原理来说明所有现象。不过他强调，不要对基本原理抱有太大期望，不要依赖原理自身能够进一步发挥。他认为，人们习惯于用已知的认识方法作为唯一的方式加以倡导是很草率的，倘若不深入探索，不通过实践去验证，只是一味地观察事物表面，那就难以在真理的路上更进一步。按照洛伦兹的观点，所有基本理论应该由不同的研究者加以探索。

可以说洛伦兹是物理学界 19 世纪末、20 世纪初的领军人物，倘若洛伦兹不具有自由和开放的思想，就不会有世纪之交的物理学革命打破古典物理学的产生。对于此，洛伦兹提到，令他感到遗憾的是，他为什么不在旧的基础崩溃之前死去。但是洛伦兹的个性是包容性很强的，他对过去价值的惋惜很快就被愉快地接受新事物所取代了。

这样的态度不仅在学术中体现出来，在洛伦兹的生活方面也可以见到。

第一次世界大战落幕，洛伦兹在他的世界主义立场中也充分发挥了他的开放思想。为恢复科学国际主义，他突破当时思想的束缚，一直在为之奋斗。因此 1923 年洛伦兹被选为国际文化协作委员会委员，继而在柏格森之后担任了该委员会主席。

∧ 1927年第五次索尔维会议洛伦兹和各国科学家合影

第五次索尔维会议是物理学史上的一次盛会，这次会议的议题是"电子和光子"，大家讨论最多的是刚刚问世的量子理论。在参加这次会议的29人中有17人获得了诺贝尔奖。照片的第一排从左起分别是朗缪尔、普朗克、居里夫人、洛伦兹、爱因斯坦、郎之万、古耶、威耳逊、理查森。第二排左起是德拜、努森、布拉格、克雷默、狄拉克、康普顿、德布罗意、玻恩和玻尔。第三排左起是皮卡尔德、亨利奥特、埃伦费斯特、赫尔岑、顿德尔、薛定谔、维夏菲尔特、泡利、海森堡、福勒和布里渊。

　　这种从本质上展现出来的伟大开放的精神，使洛伦兹不仅在学术上富有成就，而且在为人处事以及教育上也赢得了同时代人的敬重。

　　1928年2月4日，洛伦兹去世，享年75岁。在这个世界上都饱受赞誉的老人下葬当天，荷兰的电报、电话服务暂停3分钟以示哀悼。出席葬礼的除了有荷兰本国的王室成员、政府，还有来自世界各国科学院的代表，例如英国皇家学会会长、著名的实验物理学家卢瑟福，普鲁士科学院代表、第二代职业理论物理学家爱因斯坦等，都在他的坟墓旁致了悼词。

第六章

荷兰的现代化进程

随着威廉敏娜女王的即位，荷兰开始了现代国家的进程。在第一次世界大战中，荷兰作为中立国躲开了战争。一战后荷兰的现代化进程进一步加快，开启了第二个黄金时代。第二次世界大战爆发后，希特勒发动荷兰战役，扶持了傀儡政权，荷兰人民和荷兰王室毫不屈服，终于赢得了国家的独立。第二次世界大战之后，荷兰进入和平发展时期，成为世界上少有的福利国家之一。

关键词：荷兰中立／橙色电台

"坚强的女政治家" 女王威廉敏娜

▪ 1880 年 ~ 1962 年

　　说到荷兰女王威廉敏娜，人们首先想到的是她完美的外貌以及长达50多年的执政生涯。威廉敏娜，第二次世界大战中的明珠，10岁继位，年仅18岁便登上荷兰政治舞台，成为新一代统治者。她的政治才能，更是为世人惊叹。作为荷兰历史上首个执政女王，她为荷兰在各国面前保持中立的地位做出了巨大的贡献，威廉敏娜以她特有的魅力感染着每个荷兰人，她博爱的事迹也一直为人所歌颂。

幼年即位的女王

　　威廉敏娜女王，全名为威廉敏娜·海伦娜·宝琳·玛丽，是威廉三世和第二任妻子埃玛王后唯一的孩子。1880 年，威廉敏娜出生时，威廉三世已经 63 岁，因此对这个女儿备加宠爱。威廉敏娜是荷兰王位的第三顺位继承人，随着她的两个哥哥的去世，威廉敏娜成了唯一继承人。1890 年，威廉三世去世，年仅 10 岁的威廉敏娜即位，并由她的母亲埃玛王后出任摄政。15 岁时，威廉敏娜女王访问英国，英国维多利亚女王在日记中这样评价她："年轻的女王……她的头发虽然松散，但举止优雅，是一个非常聪明、可爱的女孩。她的英语很好，知道如何将迷人的举止表现出来。"

　　1898 年，年满 18 岁的威廉敏娜正式宣布就职。年轻的女王非常清楚荷兰人民对她的期待，因此她全身心地投入到了自己的职责中。她是一个意志坚强的人，做事果决。20 岁的时候她就曾下令荷兰军舰前往南非解救德兰士瓦总统保罗·克鲁格。威廉敏娜女王对商业有敏锐的洞察力，她在商业上的投资让她成为当时世界上第一个女性亿万富翁。

> ∧ 油画《威廉敏娜女王 18 岁时肖像》
>
> 荷兰皇家收藏馆收藏。特雷斯·施瓦茨绘制。这幅肖像是威廉敏娜女王 18 岁正式宣誓就职的仪式肖像，她身穿宝色长裙，外罩白色貂皮长袍，年轻的面庞上流露出一个君主特有的气质。

　　在第一次世界大战开始之前，年轻的女王曾经访问德国。德国皇帝威廉二世为了给荷兰这个小国家的女王一个下马威，就对女王说："我的卫兵身高 7 英尺，而你的卫兵只有他们的肩膀高。"威廉敏娜女王笑了笑，回答说："陛下，陛下！虽然你的士兵身高 7 英尺，但是当我们打开堤坝时，水深就有 10 英尺。"一战爆发后，荷兰保持中立。但是英法联军对德国的封锁，也严重影响了荷兰的贸易活动。1917 年俄国十月革命爆发后，受其影响，荷兰社会党领袖皮特·杰勒斯·特拉埃斯特拉试图通

∧照片《威廉敏娜女王在"橙色电台"发表讲话》

荷兰战争博物馆藏。"橙色电台"是威廉敏娜女王为号召荷兰人民反抗法西斯而创办的，每次播音开始，都有这样一段话："这里是橙色电台，荷兰反抗的声音。"当电台第一次播出的时候，深深吸引了成千上万的荷兰人。

过工人阶级的支持赢得议会的控制权从而废除现有的政府和君主制。但女王以亲近群众的方式赢得了荷兰人民的支持，化解了危机。20 世纪 30 年代，荷兰开始成为一个工业强国。通过填海造地，荷兰获得了大量的土地，有力地促进了荷兰的发展。

领导荷兰人民反抗法西斯

1940 年 5 月 10 日，德军大举进攻荷兰，对于这次入侵，威廉敏娜率领人民强烈反抗。第二次世界大战期间，为保全家人安全，威廉敏娜将家人尽数送往加拿大。而她自己却并未因为德军的入侵而丢弃人民独自逃跑，战争期间，她一心为民，率领民众团结一心，时刻奔赴在战争前线上，她的博爱事迹，为后人所赞赏。

为抵抗德军入侵者，威廉敏娜协同流亡政府一同停留在英国。在英国期间，女王和荷兰政府之间一开始关系比较紧张。她丰富的经验和知识，女王赢得了世界各国领导人的尊重，但是荷兰政府却不支持他。当时的荷兰首相德克·扬·德·格尔甚至认为反法西斯作战不会胜利，打算单方面与德国媾和。因此打算将格尔从政府中剔除。在司法部长彼得·格布兰迪的协助下，格尔被罢免，使荷兰政府重回反抗法西斯的轨道。

作为第二次世界大战期间荷兰反抗军的发言人物，威廉敏娜亲自主持"橙色电台"，站在英国的领土上隔空鼓励荷兰人民，这一举措让荷兰人民备受鼓舞。被人民尊敬和拥戴，被誉为"一朵沉浮在战场上的郁金香"！

第二次世界大战胜利之后，威廉敏娜女王重返荷兰。在战后的几年里，她的身体每况愈下，已经不能负担沉重的国务活动。1948年9月，作为1898年加冕时16位欧洲国王和女王中的唯一幸存者，威廉敏娜女王终于退位了。此后，她很少露面。当1953年爆发北海洪灾的时候，女王再次在全国各地巡视，鼓舞荷兰人民。1962年11月28日，威廉敏娜女王因病逝世，享年82岁。

▽ 在英国温莎城堡圣乔治大厅展出的威廉敏娜女王皇家纹章

VISIBLE
HISTORY OF THE
WORLD

关键词：闪电战 / 空降作战

希特勒入侵荷兰

▪ 1940 年

一战之后短暂的和平为荷兰带来了前所未有的发展机遇，虽然荷兰没有遭受战火，但是由于贸易封锁和难民，让荷兰背上了沉重的负担。随着和平的到来，荷兰开始全面恢复经济，国民生产总值也不断提高。然而，德国法西斯的上台后，战争的阴霾开始笼罩欧洲，荷兰暴露在了德国法西斯的利爪之下。

战前双方的战略部署

从古至今，夹在强国之间的小国，其命运往往都是悲惨的。荷兰、比利时和卢森堡处于德国和英法之间，自身的兵力薄弱，唯恐得罪希特勒，导致亡国之灾，因而始终谨慎地奉行着中立原则，再三郑重声明"本国决心置身于任何战争之外"。

尽管如此，荷兰仍然对德国保持着高度的警惕。1939 年 9 月 2 日，即德国入侵波兰的第二天，荷兰政府下达了战争动员令，此后便始终保持着战略防御状态。当时，面对欧洲的紧张局势，英、法、荷、比四国协商联合抗击德军的进攻。荷兰的防御计划规定：在英、法陆军到达之前，荷兰军队只在边境和纵深内的筑垒地域进行防御，减缓德军的进攻速度，为英、

∧ 照片《1939年正在集结的荷兰军队》

荷兰国立博物馆藏。早在1939年的时候，荷兰全国就开始了总动员，一方面对博物馆的文物进行疏散，另一方面则对军队进行整编，战争的爆发已经难以避免。加之国内亲纳粹分子蠢蠢欲动，使得荷兰的局势危在旦夕。

法军队的行动争取时间。

荷兰军队兵力有限，全国仅仅35万士兵，共有8个步兵师、1个轻装师和1个特别师，武器装备整体较差，士兵也缺乏训练，不足以防守马斯特里赫特至北海的400千米长的边境。为了阻挡德军入侵，荷兰军队设置了3道防线：在边境构筑有筑垒阵地，部署着少量兵力；而后是哥雷比—皮尔防线，部署着荷兰军队的主力；最后是"荷兰要塞"，即鹿特丹、阿姆斯特丹、乌得勒支和海牙等地，这些地区拥有海湾、河流和大面积水域，是良好的天然屏障。为了能在哥雷比—皮尔防线减慢德军的入侵速度，尽量拖延时间，早在1939年，荷兰政府便做出决定：必要时放弃东部、南部和北部的大部分国土，退守到"荷兰要塞"，然后打开下莱茵河、马斯

^照片《海边的国防军士兵》

荷兰国立博物馆藏。荷兰拥有漫长的海岸线，这些地区都是荷兰防御上的薄弱环节。而一旦德军跨过莱茵河，荷兰可以说是无险可守。在战争爆发之初，荷兰就已经开始做好战争准备。

河和瓦尔河的防洪坝，让大水泛滥，以此来阻击德军。

此外，荷兰还有 186 架飞机，不过，它并没有坦克，也没有防空装备。

德军的战略部署

德军预先便清楚了荷兰可能利用水障来御敌的企图。当时，破坏荷军计划的作战方法就是空降作战，当地面部队突破主要防线的时候，同时派遣空降兵，攻占下莱茵河、马斯河和瓦尔河上的重要桥梁，使德军得以迅速通过。这样，德军装甲部队就能避免遭受洪水的威胁。

早在 1939 年 10 月 27 日，希勒特就将德军第 7 空降师师长斯图登特将军召到柏林，责令其制定在西线实行空降作战的计划。斯图登特将本次空降作战行动定为夺占海牙和鹿特丹两个城市。按照这个计划，夺占海牙的空降部队是第 22 机降师的两个团以及第 7 伞降师的 1 个营，由第 22 机降师师长斯蓬尼克将军指挥。这支空降部队负责首先以伞降方法，夺占海牙周围的伊彭堡、瓦尔肯堡和奥肯堡 3 个机场，然后机降两个步兵团攻入海牙，俘获荷兰皇室、政府机关和指挥部高级官员，使政府陷入瘫痪之中，同时阻止该地的荷兰军队增援哥雷比—皮尔防线，同时，他们还应阻止荷兰空军使用"荷兰要塞"的军用机场。而夺取鹿特丹的空降部队则是第 7 伞降师的 4 个营，以及第 22 机降师的 1 个团，由第 7 伞降师师长斯图登特指挥。这支空降部队主要负责夺取瓦尔港机场、鹿特丹的维列姆大桥、多尔德雷赫特大桥、默尔迪吉克大桥，打通第 18 集团军进攻"荷兰要塞"的通道。

此外，为了保证任务的万无一失，除了使用伞兵直接在大桥附近伞降之外，德军还打算在瓦尔港机场机降 1 个步兵团，作为预备队，以支援各桥的战斗。参加空降作战的总兵力为 1.6 万人，其中伞兵 4000 人，机降兵 1.2 万人，这些部队从德国西部的威塞尔、明斯特、利普施塔特、帕德恩博等 9 个机场出发。为了保证空降的出其不意，计划规定：运输机从北海上空绕道飞行，然后从西北方向忽然转向，进入目标地。

战初荷兰的抵抗行动

1940 年 5 月 10 日，德国对荷兰、比利时和卢森堡发起了闪电战。卢森堡大公国因为只有 30 万总人口，国力太弱，当天不战而降。而荷兰政府在此前从荷兰驻柏林武官处获得重要情报，得知德军将要发动进攻。荷军总司令温克尔曼中将预料到德军可能动用德国空降兵，来突击"荷兰要塞"，因此屡次提醒部下加强戒备。从 5 月 7 日开始，荷兰采取了若干反空降措施：各个机场跑道和公路的重要地段上都有载重汽车，同时埋伏了地雷等障碍物；机场和城市也加强了警戒；增加了空中巡逻的飞机和高射火器；沿海地区也部署了猛烈的对空火力。不幸的是，荷军大多数军官并不以为然，他们过于信赖哥雷比—皮尔防线和法军的支援，因此，荷兰的防御工作仍然远远不够。

战争开始后，德军首先派出了 3000 多架飞机，袭击荷兰、比利时和法国北部的 72 个机场。顷刻之间，这些机场葬身于火海之中，300 余架飞机全部被无情地摧毁。凌晨 3 时 30 分，德军开始轰炸荷兰的瓦尔港、海牙、阿姆斯特丹、希尔维萨姆等地。轰炸海牙的兵营之时，荷军来不及发出空袭警报，大约 800 名士兵还在熟睡之中，就被活活炸死在了床上。这种轰炸持续到空降兵运输机进入空降地区为止。4 时，首批空降兵运输机开始起飞，90 分钟后，第 18 集团军向哥雷比—皮尔防线发起了正面进攻。

袭击海牙的空降兵先头部队起飞之后，在战斗机护航下超低空飞行。飞到海牙以西的河流交织地带之时，飞机分成了 3 个突击分队，分别飞向海牙周围的瓦尔肯堡、伊彭堡、奥肯堡 3 个机场。7 时 30 分，经过与机场警卫分队的战斗之后，德军突击分队占领了瓦尔肯堡机场。其余两个机场也同时落入突击分队手中。这样，德军伞兵就为后继机降部队准备了 3 个良好的着陆机场。

不过，当 100 架空降部队分别飞达瓦尔肯堡和伊彭堡机场之时，荷兰军队正在对这 3 个机场实施反击。在高射炮的猛烈火力下，12 架德机被击中。下午，荷军又组织了 6 个步兵营、1 个炮兵旅和 1 个炮兵团，向 3 个机场发起了大规模反击。机场周围燃烧的德军飞机残骸使荷军士气大振，他们以优势兵力发起猛烈的反击。据守瓦尔肯堡机场的德国伞兵被赶出机场，向西北方向撤离。奥肯堡机场的德军伞兵被驱逐出机场，向西南方向退却，伊彭堡机场也被重新夺回。德军飞机由于找不到着陆点，只好转而飞向已被德军占领的瓦尔港机场降落。途中，第 22 机降师师长斯蓬尼克乘坐的飞机也被荷军的高射炮击中。就这样，袭击海牙的德军失败。在荷兰的反攻下，在海牙着陆的德军空降兵大部分被围歼，1500 人被俘，运输机损失了 90%。

而进攻鹿特丹的德国空降兵则获得了胜利。1940 年 5 月 10 日 5 时许，空降兵先头部队准时进入鹿特丹南部。经过 1 个小时左右的激战，伞兵控制了瓦尔港机场，并将之作为空降部队的着陆机场。随后，第 16 机降步兵团开始机降。此时，在重迫击炮火力和鹿特丹北部炮兵火力的支援下，

∧ 照片《轰炸之后的鹿特丹》

荷兰士兵正在进行着反击。战斗正酣之际，德军突然发出了绿色信号弹，这是荷军停止重火器射击的信号。荷军炮兵误认为这是乙方军队发出的信号，因此停止了射击。机场守军失去了炮火的支援，再也抵抗不住德军空降部队的攻击，只好乖乖地缴械投降。就这样，瓦尔港机场彻底落到德军手中。

　　同时，德国伞兵化装成荷兰士兵，不费吹灰之力就占领了马斯河上的两座桥梁。滑翔机、运输机和降落在法尔河上的水上飞机，则源源不断地运输着德军增援部队。大兵压境，荷兰军队士气大溃，仓皇地放弃了哥雷比一皮尔防线，退往"荷兰要塞"。

　　5月13日，德国第18集团军装甲师开始进攻"荷兰要塞"。荷兰原先拟定的开坝防水的计划已经彻底破产，荷兰开始全线退却。荷兰女王威廉敏娜眼见败局已定，便授权荷军总司令温克尔曼将军，让他"在他认为

^ 照片《德军占领鹿特丹》

荷兰国立博物馆藏。当德国人进入鹿特丹的时候，鹿特丹早已是废墟一片，这张照片是鹿特丹沦陷之后少有的一块没有被轰炸的地方，街上的人群表情惶恐，而照片背景中的建筑玻璃已经全部破碎，显示了轰炸之后的惨相。

最恰当的时机宣布投降"，然后便携同荷兰政府要员，登上一艘英国驱逐舰，逃往伦敦。14 日，德军要求鹿特丹投降，但遭到了荷兰军队的拒绝。随后，德军空军对鹿特丹实行狂轰滥炸，风助火势，整个市区燃起了熊熊大火，2.5 万余幢房屋被毁，上千人死亡。

尽管荷兰再三请求法国的支援，盟国军队却始终迟迟未至。5 月 15 日上午，温克尔曼将军下令，荷兰全境内的士兵都放下武器，停止任何抵抗活动。荷兰至此投降。

VISIBLE
HISTORY OF THE
WORLD

关键词：日记 / 集中营

安妮·弗兰克和《安妮日记》

■ 1929 年 ~ 1945 年

安妮·弗兰克，一名16岁的犹太少女，她在德国的法兰克福出生，是一家四口中最小的女儿。希特勒的上台，导致德国纳粹对犹太人的敌对情绪日益高涨，为保护家人周全，躲避纳粹党的残害，安妮的父亲奥图不得已放弃原本高薪的工作离开德国带领全家来到荷兰的阿姆斯特丹。

战争来了，幸福破灭

希特勒上台后，大肆残害犹太人，上到妇人老人，下到小孩少女，无一放过。而就是在这种状态下，安妮的父亲被迫带领全家离开德国前往荷兰，并最终定居于阿姆斯特丹。

纳粹未殃及阿姆斯特丹，安妮·弗兰

> 照片《安妮·弗兰克肖像》

荷兰国立博物馆藏。这张照片是安妮·弗兰克10岁的时候在阿姆斯特丹拍摄的。

<照片《纳粹的荷兰统治者英夸特检阅部队》

荷兰国立博物馆藏。英夸特是奥地利人，在德国吞并奥地利之后，英夸特曾经担任奥地利代理元首。1940年5月，德国占领荷兰之后，英夸特出任荷兰占领区帝国专员，在荷兰期间，英夸特一方面镇压荷兰人的反抗，一方面建立集中营迫害犹太人。战后在纽伦堡审判中，英夸特被判决犯有危害人类罪，判处死刑。1946年10月16日被处决。

克一家四口原本或过着较为平淡的生活，但天不遂人愿，1940年5月，德国攻占荷兰，受纳粹党威胁，荷兰的新一任统治者英夸特，将排除犹太人法令放在首位。

记者与作家，曾是安妮的梦想，她天真烂漫，本以为未来会如期般美好，却不想，一场空前的恶战，彻底将她拉入黑暗的深渊，十几岁的花季少女，就这样香消玉殒。

1942年6月12日，13岁的安妮从家人手中收到一个日记本，也是从那时候开始，她有了记日记的习惯，同年的7月6日，由于纳粹党更加肆无忌惮地残害犹太人，安妮的父亲迫于无奈将另外的四名犹太人连同自己的四个家人一并藏于自己所在公司的密道内。

13 岁的少女，充满了对未来生活的渴望，她还不知道什么叫战争，待在密室的时间太久，既不能大声说话，也不能大声说笑，强烈的压抑感让她失去了原本的欢乐，渐渐的，安妮褪去了原本天真烂漫的性格，越来越忧郁。由于地道里不能说话，她无处倾诉，日记就成了她最好的朋友。她在地下室过了长达三年的生活，这期间，她所有的倾诉对象，都只有她心爱的日记、少女成长过程中的烦恼、长时间躲在地下室的恐惧痛苦、在地下室生活中的一系列点点滴滴，全都写入了日记本中。

1944 年 8 月 4 日，丧尽天良的纳粹党冲入密室将安妮一家四口连同另外的四名犹太人一并抓捕，原因是被人告密。除安妮的父亲之外，其余七个全部死在纳粹血腥的刀刃下，正值花季的 16 岁少女安妮与她的姐姐于 1945 年一并死在集中营里。

战争本就残酷，第二次世界大战，无疑是众多战役里最毁灭人性的一场。这场战役中，无数犹太人在没有任何理由的前提下无辜遭受纳粹迫害，他们之中不乏伟大的天才学者。作为众多犹太人中的一员，安妮无疑是所有求救声中最稚嫩的那一朵，她的日记里，对求生的渴望表现得淋漓尽致，是一个少女在见证了冷酷黑暗的过程后最无力的告白。

"我希望我死后，仍能继续活着"

"我希望我死后，仍能继续活着"，这句话是《安妮日记》里的一句。

在《安妮日记》里，她亲切地称呼自己为"安妮"，随着时间的推移，慢慢的，她将安妮改称为安妮·弗兰克，她觉得自己已经长大了，在阁楼中，她用铅笔做记号来记录自己的身高变化，并为第一次来月事感到紧张和兴奋。

《安妮日记》除却记录少女对自身变化发展过程中的一系列琐事外，还真实地记录了她对围绕在自己身边人的一些观点与认识。其中，一方面，对安妮父母的婚姻，安妮经常报以一种担忧的神态，她认为二人之间已经

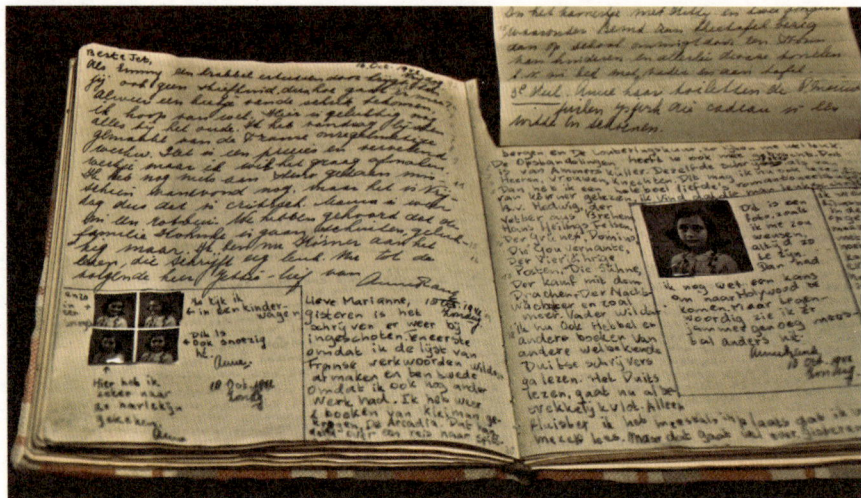

^ 《安妮日记》手稿

《安妮日记》问世之后，备受赞誉。诗人约翰·贝里曼说这本书不仅仅是青春期独特的描写，而是"细致而充满自信，简约而不失真实地描述了一个孩子转变成为成人的心态"。而美国总统罗斯福夫人埃莉诺·罗斯福则说："这是我曾读过的关于战争及其对人类的影响最明智、最动人的作品之一。"美国前总统约翰·肯尼迪说："在人类历史上，为了尊严而遭受巨大痛苦和损害的所有人中，没有任何声音比安妮·弗兰克更有说服力。

没有爱情可言，并很反感父亲在还未离婚的前提下就与丹恩太太勾搭，另一面，安妮在逐渐走向成熟的过程中也审视自己，在地下室躲避灾难的同时，她慢慢朝大人的思维方式去过渡，并对自己在日记中对母亲的抱怨感到十分惊讶。她慢慢试着与母亲沟通，跟姐姐以大人的方式交流。通过这一尝试，她发现自己必须要学着如何与家人正确地相处，才能使自己更快地成长起来。

　　安妮，原本天真烂漫，本可以一直在安稳的环境下生活，可是经过长时间躲避纳粹党对犹太人疯狂残害，让她意识到了自己以后的命运，但是，没有谁是不想活着的，她渴望自由和光明，更加珍惜生命，她希望可以通过日记的形式让后人记住第二次世界大战期间受纳粹党迫害的这么一个充满童真，对未来、对生命充满强烈渴望的 16 岁女孩。

第二次世界大战期间，作为隐匿之家的领头人物，域陀古加、基尔文等专门收留遭纳粹迫害的犹太人。1944 年 8 月 4 日清晨，有人将犹太人躲藏的位置泄密给德国军官。德国人带着武器直接闯进密室，几人一并被带到警察局问话。经过整整一晚上的盘问，8 月 5 日，除去美亚姬斯和乔基治一众人，其余人全都被带到一个十分拥挤的监牢里。两天后，他们一并被转移到隶属荷兰的维斯坦堡。维斯坦堡明面上为一处拘留所，实际上就是一处暗黑因牢。由于德国纳粹对犹太人的排斥与迫害，被抓到这里的犹太人已经超过十多万。因为被发现匿藏，基尔文等人不同于其他罪犯，他们直接被派送出去做苦工。

1947 年，奥图·弗兰克，也就是安妮的父亲，死里逃生，他把安妮的日记拿到出版社，不久后日记公之于众。《安妮日记》，第二次世界大战期间遗留下来的 16 岁少女的个人日记，它真实地反映了八个人在躲避纳粹残杀过程中被迫藏于地下长达两年多时间的生活写照。这本日记，仿佛一部见证纳粹罪恶的纪录片，成为坐实第二次世界大战纳粹残害犹太人的珍贵证据。

∨ 第二次世界大战后阿姆斯特丹树立的安妮铜像

关键词：流亡加拿大 / 王室危机

"人民的女王"朱莉安娜

▪ 1909 年 ~ 2004 年

　　作为荷兰的一代女王，朱莉安娜传奇一生被载入史册，其中最负盛名的，即她执政期间所经历的一系列有关荷兰国家的重大事件。在荷兰她是一位受万民敬仰的女王，一个撑起荷兰一片天的女王，她无愧于"人民的女王"这个称号。

早年生活和婚姻

　　朱莉安娜·路易斯生于 1909 年 4 月 30 日，全名朱莉安娜·路易斯·艾玛·玛丽·威廉敏娜，出生在荷兰海牙，是威廉敏娜女王和亨得里克亲王唯一的女儿。朱莉安娜自由在宫廷中度过了自己的童年，6 岁的时候在皇宫里专门开办的小学校里和一些同龄的孩子学习。由于荷兰法律规定朱莉安娜应该在 18 岁的时候做好继承王位的准备，因此她的教育进程要快于其他孩子，经过 5 年的小学教育，她就开始接受家庭教师的中学教育。1927 年，朱莉安娜年满 18 岁，根据宪法她必须开始承担王室义务，因此威廉敏娜女王将她安置在"国务委员会"。同年，她进入莱顿大学学习，于 1930 年大学毕业，获得国际法学士学位。

20 世纪 30 年代开始，威廉敏娜女王就忙着为女儿张罗婚事。荷兰王室作为世界上最严格的宗教王室之一，想找到合适的王子很难。1936 年，在巴伐利亚州的冬奥会上，朱莉安娜遇到了德国贵族李佩—比斯特菲尔德的伯恩哈德王子，朱莉安娜深深爱上了他，并且伯恩哈德各方面都符合要求。精明的威廉敏娜女王在女儿订婚之前让律师起草了一份婚前协议，规定王子能做什么不能做什么，以及他能够领取王室的多少钱。1936 年 11 月，伯恩哈德获得了荷兰公民身份。1937 年 7 月 1 日他们在海牙举行了婚礼。

∧朱莉安娜和母亲威廉敏娜女王合影

荷兰国立博物馆藏。朱莉安娜女王是威廉敏娜女王和亨德里克亲王唯一的孩子。在朱莉安娜出生之前，威廉敏娜女王曾经历过两次流产和一次死产，这让威廉敏娜女王备受打击。直到29岁时才生下朱莉安娜，因此倍加宠爱。

流亡加拿大

1940 年 5 月 12 日，德国入侵荷兰，伯恩哈德和朱莉安娜被疏散到英国。他们在英国待了一个月，就带着孩子去了加拿大首都渥太华。当时朱莉安娜身怀六甲，而加拿大政府有法律规定，只要是在加拿大境内出生的孩童，自出生便成为由加拿大政府管理的加拿大公民。然而荷兰王室成员在荷兰的法律上，生在荷兰领土上的公主和王子才会被承认王室成员的身份。就在所有人都在为这一问题苦恼时，加拿大政府做出一个惊人举措，在朱莉安娜生产期间，以荷兰领地的名头划分了一间产房作为朱莉安

∧ 1948年9月4日朱莉安娜女王即位典礼

娜生产临时使用，房间里摆满了郁金香，郁金香是荷兰国花，这让朱莉安娜感动不已。为感谢加拿大政府的深明大义，1月19日，荷兰将国旗插在隶属加拿大的和平塔上，而新生儿玛格丽特公主，也因为出生在这片由加拿大政府特意划分出来的特殊地区而被加拿大人称为"加拿大公主"。

1945年5月，荷兰解放，朱莉安娜带着新生儿和其他王室成员一同返回荷兰。为感激加拿大士兵第二次世界大战期间为解放荷兰所做的一系列牺牲，荷兰王室将代表荷兰的十万株郁金香送给加拿大军队，而之前作为产房被划归到荷兰名下的区域也重归加拿大所有。

危机和复苏

1945年5月2日，朱莉安娜陪同母亲重返荷兰。当时的荷兰正处在大饥荒之中。朱莉安娜作为荷兰红十字会的主席与国家重建组织进行合作，脚踏实地地为民众服务，因此受到了荷兰人民的喜爱。到 1947 年的时候，威廉敏娜女王的健康岌岌可危，这一年 10 月她才接任摄政。此时的荷兰正面临着印度尼西亚独立的问题，严重的危机让威廉敏娜女王更加难以胜任。1948 年 9 月 4 日，威廉敏娜女王退位，两天后，朱莉安娜成为新一任的荷兰女王。

1949 年 12 月 27 日，朱莉安娜女王在阿姆斯特丹的达姆宫签署了承认印度尼西亚对前荷兰殖民地拥有主权的文件。1954 年，加勒比海地区荷属安地列斯和苏里南被重组为荷兰王国的组成部分，和欧洲大陆部分地位平等。

1953 年 1 月 31 日，荷兰遭受了 500 年以来最具破坏性的风暴袭击，30 多座沙丘和堤坝被冲毁，许多城镇被风浪破坏，2000 多人死亡，数万人被困。此时的朱莉安娜女王穿着旧外套和靴子，蹚过积水和泥泞，深入灾区为受灾的民众送去衣服和食物，传递关心。

从 1956 年开始，一系列危机接连不断冲击着女王。女王的知己霍夫曼斯对女王产生了巨大影响，尤其是他鼓吹的和平主义。在"冷战"期间出现的这种状况直接导致了王室危机，甚至威胁到了朱莉安娜女王的婚姻。为此荷兰法院甚至分为两个阵营，一个支持女王，一个支持伯恩哈德亲王。最后在首相威廉·德瑞斯的干预下，危机才被化解，但是霍夫曼斯及其追随者被驱逐。1963 年，新的危机再度袭来，女王的二女儿艾琳公主在未经政府批准的情况下秘密改信天主

> 1953年荷兰洪灾之后的惨状

教，并和波旁的帕尔马公爵卡洛斯·雨果结婚。媒体一披露，立即引起了轩然大波，这简直是对荷兰历史的挑衅。这次事件几乎导致女王退位，幸亏她在民众中威望很高，才得以幸免。1965年，贝娅特丽克丝公主和德国外交官克劳斯·冯·阿姆斯伯格订婚，由于阿姆斯伯格曾是希特勒青年团成员，因此愤怒的荷兰公民走上街头进行示威游行，反对这桩婚事。然而朱莉安娜女王默许了这桩婚事，这对女王的声望有所影响。

1976年，王室丑闻再次爆发。原因是伯恩哈德亲王接受了美国洛克希德飞机制造公司的110万美元的贿赂，这就是洛克希德丑闻。此事被揭露之后，首相约普·登·厄伊尔下令调查此事，但是亲王拒不配合。1976年8月，此事被媒体披露，荷兰民众被彻底震惊。无奈之下伯恩哈德亲王辞去了陆军中将、武装部队监察长的职务以及其他一切社会职务，最终被免于起诉。

1980年，71岁的朱莉安娜女王退位。此后她一直活跃在慈善事业之中。20世纪90年代之后，她患上了老年痴呆，脱离了公众视野。2004年3月，95岁的朱莉安娜女王去世。八个月之后，她的丈夫93岁的伯恩哈德亲王也随之而去。

▽ 朱莉安娜女王和丈夫伯恩哈德亲王老年照

关键词：数学／物理／天文／医学

完美的管理者女王贝娅特丽克丝

■ 1938 年～至今

作为荷兰的第六任女王，贝娅特丽克丝的全名为贝娅特丽克丝·威廉敏娜·阿姆加德，她于1938年1月31日出生在巴伦，曾在隶属荷兰的莱顿大学研读经济学、历史学、社会学法律学以及国际政治等学科，期间在法律学方面获硕士学位，1948年贝娅特丽克丝被立王储，于1980年4月30日登上王位，期间，贝娅特丽克丝担任过国际儿童年全国委员会名誉主席，另被王室议会授为"荷兰省执政"和"护教者"称号。2013年1月28日晚，贝娅特丽克丝通过电视讲话宣告就此退位，王位于2013年4月30日递交到威廉·亚历山大·克劳斯·乔治手中。

历经磨难，坚强执政

贝娅特丽克丝女王是亲王伯恩哈德与女王朱莉安娜的第一个女儿，第二次世界大战期间曾随其母朱莉安娜女王流亡到加拿大，第二次世界大战过后返回荷兰。从流亡到回国，这位女王的一生，可谓历经磨难波折。

贝娅特丽克丝执政33年，从出生到逝世，贝娅特丽克丝用事实证明了自己在人民心中完美管理者的形象，通过变革，她塑造了"现代，精干"的荷兰王室形象，不同于其他人，贝娅特丽克丝注重精神上的威信，她一反之前"人民女王"的传统，特意拉开民众与王室间的距离。她主动参与国事，勇于塑造实权王室形象，对于不正之风，敢于积极批评。她精明能干的形象加上睿智的头脑无疑是荷兰王室历史中的典范。

年幼时，因纳粹党入侵荷兰，贝娅特丽克丝随其母亲朱莉安娜女王及其祖母逃亡英国。期间她前往加拿大并接受了总督夫人艾莉丝的基础教育，三年后，其母朱莉安娜返回荷兰继承王位，贝娅特丽克丝也随之成为下一任的王室继承者。

1965年，27岁的贝娅特丽克丝遇到了想要守护一生的人，德国的贵族亲王克劳斯，一位外交官。二人相爱相知，很快坠入爱河并对外宣布订婚。谁料由于克劳斯曾参与过纳粹青年团，以致二人订婚的消息遭到荷兰人民的强烈反抗。但即便如此，仍未打消女王要订婚的愿望。订婚当日，部分荷兰爱国人士高举写有"克劳斯滚出荷兰"的标语进行游行。在民众与爱情的双重选择下，贝娅特丽克丝最终选择爱情。事实证明，她的选择是正确的，克劳斯没有令她失望。随着时间的推移，克劳斯高尚的品质渐渐得到荷兰人民的认可，他也因此成为荷兰人民最爱戴的王室成员之一。除此之外，因王室屡遭变故使得在位期间的贝娅特丽克丝饱受精神打击，甚至有人恶意传闻她将退位的消息。

2002年，亲王克劳斯离开人世，享年76岁，据报道，克劳斯生前因适应不了王

∨ 1947年贝娅特丽克丝
（左）和妹妹伊莲合影

∧ 1966年贝娅特丽克丝女王和克劳斯亲王的婚礼

贝娅特丽克丝女王和克劳斯亲王的婚礼，可以说是在荷兰民众的示威声中举行的。然而随着时间的推移，克劳斯亲王逐渐被荷兰民众所接受，到了他生命的最后阶段，他被荷兰国内一些人认为是最受欢迎的皇室成员。

室生活以致患有极度严重的抑郁症，期间多次治疗未果。

2004年，贝娅特丽克丝的母亲朱莉安娜因肺炎病逝，在爱人与亲人相继离开的双重打击下，女王精神一度崩溃。

2009年4月30日，贝娅特丽克丝在"女王日"上被袭击，在毫无防

^ 2013年4月30日贝娅特丽克丝女王退位后和新任国王威廉-亚历山大及王后马克西玛在阳台上向群众挥手致敬

备的情况下，虽然躲过袭击，但这次恐怖袭击给她带来不小的影响，本就脆弱的精神直接濒临崩溃。祸不单行，次子弗里索次年于奥地利滑雪突遇雪崩，这一噩耗彻底击垮了女王的最后一道心理防线。

树立威望，加强王室统治

1980年4月30日，贝娅特丽克丝继位成为继波拿巴统治结束后尼德兰的第六位女王。作为一个君主立宪制国家，执政者有权制定宪法，按照宪法，政府成员要每周与女王会晤一次。传闻，由贝娅特丽克丝女王手下掌管的治安无人敢捣乱，足见其威信之高。贝娅特丽克丝女王继承了她母亲与祖母的个性，不喜浮华，厌恶无仁义者，高尚的人格让她在人民心中有着极高的地位，除却政治方面，贝娅特丽克丝爱好也极其广泛，她在绘画、表演、芭蕾等方面都有极深的造诣。热情的性格，加上她对信念的坚定，1996年5月，贝娅特丽克丝被评为"最具热情的欧洲人"。

VISIBLE
HISTORY OF THE
WORLD

关键词：养老制度／教育补贴／休假福利

"福利"荷兰

■ **20 世纪中期至今**

如果可以选择自己出生的国家，你会选择哪里呢？我想许多人会考虑荷兰。荷兰，世界上福利待遇最高的国家之一，也是生活环境最自由的国家之一，它是一个对本国居民和各国移民一律平等的国家。

令人羡慕的福利国家

说到荷兰，人们最先想到的，即其在历史上，建立了世界上第一个有限公司——荷兰东印度公司，荷兰东印度公司对于世界的影响，不只是殖民地那么简单，其创建的经济利益，便足以推动一个世纪的进程与发展。而作为另一个，"福利国家"制度，更是让世界所有人都羡慕不已。荷兰的福利制度，就世界各国而言，绝对可以说是"完美"。在荷兰，不管是大人小孩，都有福利可享，荷兰政府强调的是福利面前人人平等。就一般养老金而言，荷兰公民只要达到或超过 65 岁，就可享受这一福利，在受害者家属条例里，雇主有责任与义务对受害者实施经济帮助；在一般儿童补助金条例里，只要是有 18 岁以下儿童的家庭看护人，就可以享受一定条件下的补偿；在失业保险条例里，凡是 65 岁以下的雇员在遭受解雇后

∧ 国王威廉-亚历山大夫妇和三位公主合影

这是威廉-亚历山大国王继位之后和一家人拍摄的王室合影。国王和马克西玛王后坐在沙发上，边上是他们的三个女儿，从左至右依次是王储凯瑟琳娜·艾玛莉亚公主、爱丽安娜公主和艾莉希亚公主，还有他们家的宠物狗。

面临经济威胁时，都会得到资助，因此失业人员不会因为失业出现经济落差而导致生活问题；病残保险条例针对的是那些由于身患疾病而不能长期工作或因残疾找不到工作没有经济来源的人，确保他们不会因自身的各种条件而导致无法生活；假期福利条例针对的是人民在休假期间得不到经济收入来源的人，其中包含有大量补助制度，使得人民在休假过程中也能安心地做工作以外的事，生活并不受其影响。

荷兰对教育补贴的福利制度在世界上也是首屈一指的。可以这么说，在荷兰，人人都不需要担心自己养不起孩子。因为在孩子未满 18 岁之前，都会得到儿童金和福利金，且儿童金的多少是与儿童年龄成正比的，孩子的年龄越大，儿童金就越高。另外，荷兰政府还会根据收入的高低，发放与收入高低相挂钩的养育孩子的补贴。

此外，在荷兰，公立小学的教育费是全免的，包括教课用的书本都是由学校免费提供。同时，荷兰政府还会向包括移民在内的孩子每月发放现金补贴约 50 到 120 欧元。中学教育的费用仅需要交 50 欧元，大学阶段每年的学费约 800 欧元。不仅如此，在荷兰生孩子也是福利多多，生产前、生产后，包括孩子出生后的护理费都是免费的，而且还可以享受连续七天每天 5 小时的服务援助。这时候，会有人帮你照顾新生儿，打扫房间和洗衣服。荷兰政府的托儿补贴金的数量也是非常可观的，可以让人不必为钱发愁。

荷兰的养老制度在国际中排名一直领先，仅次于丹麦和澳洲，位居第三。在荷兰居住，年满 65 岁，就可以享受养老金。荷兰的养老金制度是由三部分组成，其中基本养老金是建立在缴费基础上的，属于纯国家福利。还有属于商业养老金的就是工资中扣除的或是雇主为雇员支付的部分养老金和个人购买的年金保险或资产保险。缴费与个人收入挂钩，固定统一为法定的最低工资的 70%。

依照荷兰法律，所有在荷兰工作的人都是需要报税和纳税的，当然也

享有退税。退税是荷兰的特色福利政策之一，欧美国家中唯独荷兰有此项福利。而且这项权利与你是否入籍和永居是没有关系的，只要你移居荷兰，抵达荷兰之日就开始享有。

关于休假福利，在荷兰无法承受工作压力也算工伤，是可以在家休息的。更有意思的是荷兰的度假金，因为它的理由却是，如果你不休假，就会变得低落、精神不振，这样的状态不适合工作。荷兰的福利是无关本国居民和移民，永居还是暂住，是否入荷兰国籍。

< 阿姆斯特丹荷兰国立博物馆夜景

阿姆斯特丹国立博物馆，是荷兰最大的博物馆，宫殿式建筑气势恢宏，藏有大量世界知名的艺术珍品。该馆最引人注目的收藏莫过于17世纪"黄金时代"的荷兰绘画，其中包括伦勃朗、维米尔、弗朗斯·哈尔斯以及扬·斯滕等人的艺术杰作。而博物馆中最负盛名的无疑是伦勃朗的巨幅油画作品《夜巡》。此外，博物馆还陈列着众多其他引人入胜的珍贵藏品。

荷兰福利制度的演变

20世纪七八十年代，荷兰社会保障制度在经济衰退的过程里逐渐趋于负重的状态，失业人数的大幅度提升，使得政府在救助失业人群过程中入不敷出，此外，荷兰社会制度的突然变化使得领取福利的人数急剧增加，迫于无奈，荷兰政府于20世纪80年代就社会保障制度实施改革。改革大都从预算入手，以借此来改善政府收入支出状况，比如，按周分配福利，提升人均福利待遇，由此来降低失业抚慰金对人民的吸引。事实证明，这一问题并没得到很好解决，领取社会福利的人群逐日见涨。究其原因，社会经济衰弱只是一小部分原因，主要问题还是因为社会结构，即人民大都依靠社会保障制度维持生活，丧失了劳动的积极性。为改变这一状况，荷兰政府于20世纪90年代，将改革目标定在社会保障制度上，以此来影响行政机关人员在管理各项福利策划以及雇主管理雇佣者的行为。市场竞争机制被用于创建在更为有效的一项制度上。为了改善有缺陷的制度，政府创立了新一体的改革制度，这种制度具有激励性，它能够促使雇主在此过程中承担相应的法律责任。

橙色军团和荷兰三剑客

⊙橙色军团　⊙荷兰三剑客

荷兰国家男子足球队是一支由荷兰足球协会领导的队伍。在20世纪70年代，荷兰国家男子足球队的米歇尔斯主帅在荷兰队中推行"全攻全守"战术，因此，荷兰国家男子足球队的实力得到了很大的提升。之后在以荷兰"三剑客"为代表的一批足球巨星的带领下，球队在世界杯、欧洲杯等重大赛事中展现了不俗的实力，虽然多次在决赛中惜败导致无缘冠军，但其球队水平位于欧洲前列。由于荷兰国家男子足球队的球服是橙色，所以球迷们称这支队伍为"橙色军团"。

橙色军团

在荷兰国家男子足球队的战史里，他们多次杀进决赛。但是除了在1988年的欧洲杯中获得过冠军，其他所有的决赛都由于种种原因而惜败。尤其是历史上参加了10次世界杯决赛阶段的比赛，但是都与冠军失之交臂。

20世纪70年代，在名帅米歇尔斯"全攻全守"的战术指导下，荷兰的足球水平有了很大的突破。1974年，荷兰队第三次出征世界杯，在小组赛中荷兰队两胜一平轻松晋级复赛。复赛中的荷兰队更是以4:0的成绩完胜阿根廷队，以2:0的成绩碾压民主德国队和足球王者巴西队，取得了三战三胜的好成绩。但是在和西德队决赛中，荷兰队在对手布莱特纳和"轰炸机"盖德·穆

勒的抢眼表现下，以1:2的比分败北，只取得亚军的
成绩。

　　1978年世界杯，荷兰队由于缺少了核心人物克
鲁伊夫，在小组赛和复赛中表现不佳，但还是凭借
着阿里汉等人的出色表现晋级决赛。荷兰队在决赛
中又遇到了本次世界杯的东道主阿根廷队，最终橙
色军团在加时赛中输给阿根廷球队。之后随着一些
老将相继的退出，荷兰队的整体水平下滑严重，无
缘之后的几届世界杯。

　　1988年，在荷兰"三剑客"的带领下，国家队
在欧洲杯中取得冠军，此时的荷兰队再度辉煌。1990
年，在荷兰"三剑客"等球星的率领下，荷兰足球队才得以重返世界杯。然而在1990年的世界杯中，由于荷兰队不在状态，在复赛中被联邦德国队打败，止步于复赛。1992年，在欧洲杯中，荷兰队凭借优秀的表现杀进四强，但是和冠军失之交臂。在两年后的美国世界杯中，荷兰队和巴西队对战激烈，但是由于巴西队后卫布兰科的超常发挥，荷兰又一次和冠军无缘。在1998年的法国世界杯中，荷兰队凭借着博格坎普的"温柔一击"绝杀了阿根廷队，士气大振，本以为夺冠有望，但是在半决赛又一次输给巴西队这个老对手。在2002年，荷兰队更是阴沟翻船，在预选赛中就遗憾离场。在之后的世界杯中，由于种种原因，荷兰队都未能进入决赛。

◀ 荷兰足球名将克鲁伊夫

球员时代的约翰·克鲁伊夫代表着"全攻全守"这个不朽的足球名词，而无论贝利还是迭戈·马拉多纳，都未能创造属于自己的足球战术体系。约翰·克鲁伊夫拥有出众的平衡、超凡的速度和惊人的控球能力，而更让人惊叹的是他的意识和视野。"全攻全守"要求队员时常换位，只有清楚洞悉每位队友位置的克鲁伊夫，才能成为串连起全队的脊梁。

▲ 克鲁伊夫在球场上的风采

　　在2010年的南非世界杯中，荷兰队仿佛恢复了1974年的荣光。先是三战全胜杀入1/8决赛，然后在1/8决赛中打败劲敌斯洛伐克进入八强。在1/4决赛中，荷兰队名将斯内德超常发挥，最终战胜了老对手巴西队，进入四强。之后凭借队长范布隆克霍斯特和名将斯内德的出色表现，战胜强敌乌拉圭队，第三次在世界杯中赢得了冠亚军争夺的资格。在约翰内斯堡的足球城球场上，荷兰队和西班牙队战平，但是在加时赛中被西班牙1:0击败，后者也第一次夺得世界杯的冠军奖杯。2014年巴西世界杯，荷兰队在点球大战中，2:4输给老对手阿根廷队，只获得季军。之后的荷兰队再次一蹶不振，在2016年欧洲锦标赛中都没能进入预选赛，主帅布林德退役。荷兰队在艾德沃卡特的带领下依旧无缘2018年俄罗斯世界杯。

　　荷兰队曾经三次站在世界杯决赛的舞台上，但是都和冠军失之交臂。不过"橙色军团"的实力有目共睹，他们在经典赛事上的卓越表现为他们赢得了"无冕之王"的称号。

荷兰三剑客

1978年之后，荷兰国家男子足球队陷入了低迷期。20世纪80年代末期，巴斯滕、古力特和里杰卡尔德三人的加入给水平下滑的荷兰国家男子足球队注入了强心剂。AC米兰的荷兰"三剑客"使荷兰的足球再度复兴。欧洲杯夺冠，将荷兰的足球又推上一个巅峰。此时的"荷兰三剑客"和德国的"三驾马车"势均力敌，受到世界众多球迷的狂热崇拜。

马尔科·范·巴斯滕是旷世奇才、锋线至尊，是世界级的绝代射手。拜得名师的他16岁就进入了阿贾克斯队，正式开始了职业球员生涯。1986年，体力充沛、走位灵活的巴斯滕获得了"金靴奖"。1987年加入荷兰国家队后，多次获得甲级联赛的"最佳射手"称号并且斩获欧洲、世界足球先生。

在1988年的欧洲杯中，巴斯滕的"跨世纪的入球"让荷兰队夺得了冠军。但是在1992年的一次比赛中，他的脚踝被铲断无法痊愈，不得不抱憾退役。后来，巴斯滕还担任过荷兰国家队的主教练。

历史上少有同时拥有

◀身披AC米兰球衣的马尔科·范·巴斯滕

技术和大局观的万能球员，"辫帅"路德·古利特就是其中之一。擅长踢自由人位置的他在"全攻全守"的战术体系中如蛟龙入海，是荷兰三剑客中的核心人物。1985年加入荷兰埃因霍温队的他开启了自己的辉煌之路，连续三年被评为荷兰的"最佳球员"。1987年，古利特以极高的身价来到AC米兰队；第二年，为荷兰国家队赢得了欧洲杯冠军奖杯。后来的两年，是他巅峰的两年，获得多个冠军奖杯。直到1990年的世界杯，古利特的表现令人失望，由于膝盖受伤，他在后面的几年渐渐走下坡路，还拒绝参加1994年世界杯。1996年，古利特结束了球员生涯，在切尔西队担任主教练，帮助切尔西队夺得了英足总杯。1998年，古利特被解雇，也结束了他的足球生涯。

▲ "辫帅"路德·古利特

里杰卡尔德，是荷兰三剑客中发挥最稳定的一个。低调的他却有很强大的得分能力，是荷兰国家队和AC米兰队的"节拍器"。5岁的他就开始接触足球，后来和古利特相识并一起进入阿姆斯特丹的一个少年足球队。16岁时，里杰卡尔德加入了荷兰国家青少年队。18岁时代表荷兰队上场比赛，正式成为国家队的一员。1988年，里杰卡尔德加入AC米兰队，荷兰"三剑客"合体。里杰卡尔德的加入为AC米兰夺得了两次欧洲冠军杯。1995年，"黑天鹅"里杰卡尔德离开了足坛，功成身退！

看得见的世界史

一部好读、好看、好听的历史，一幅全息立体的历史图卷

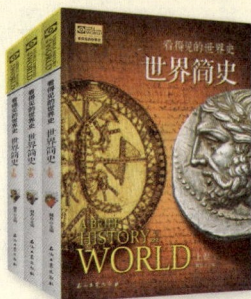

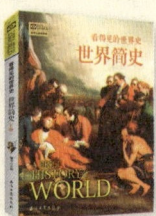

地球村的时空故事

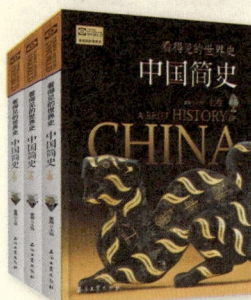

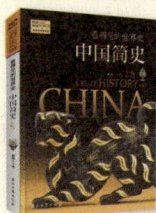

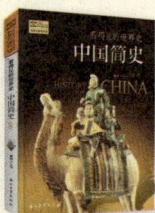

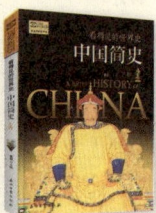

华夏文明的壮美图卷

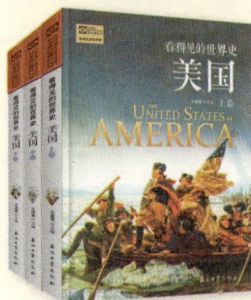

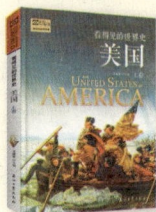

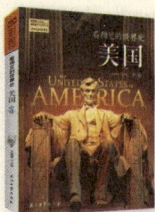

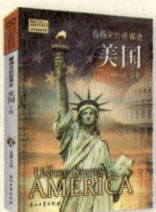

超级大国的心路历程

欧洲社会的悲欢离合

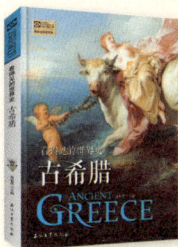
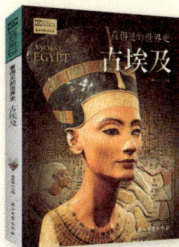
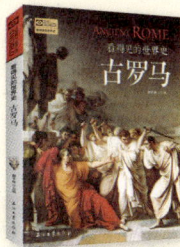
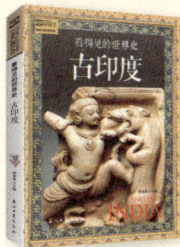

爱琴海的文明　　法老的世界　　法治与征服　　南亚次大陆的文明之光

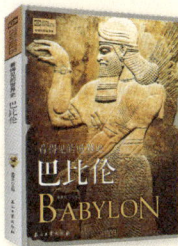
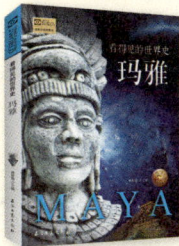

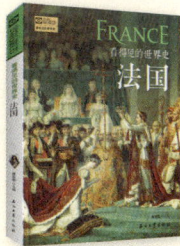

人类教育的起点　　丛林中的神秘文明　　日不落帝国的崛起与衰落　　高卢雄鸡的鸣唱

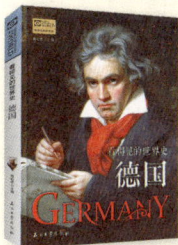

血与火的统一　　欧亚上空的双头鹰　　"全球帝国"的兴衰往事　　冒险家打造的海洋强国

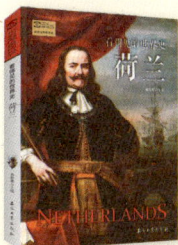

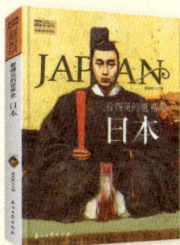

"海上马车夫"的盛衰　　亚平宁半岛上的历史风云　　"菊与刀"的国度

看得见的世界史 荷兰

装帧设计：罗 雷 蒋碧君

文稿撰写：商嘉琪 闫 鑫

文图编辑：樊文龙

美术编辑：苟雪梅

图片提供：荷兰国立博物馆

荷兰皇家收藏馆

西班牙普拉多博物馆

美国纽约大都会艺术博物馆